Black Mirror et l'aurore numérique

La collection
« L'imaginaire et le contemporain »
est dirigée par Vincenzo Susca

Michel Maffesoli, *La force de l'imaginaire. Contre les bien-pensants*

Aurélien Fouillet, *Détours vers le futur. Des muses et des zombies*

Claudia Attimonelli
Vincenzo Susca

Black Mirror et l'aurore numérique

Nos vies après l'humanisme

Traduit de l'italien par Jean-Luc Defromont

L'IMAGINAIRE ET LE CONTEMPORAIN

Liber

La première version italienne de cet ouvrage, *Un oscuro riflettere. Black Mirror e l'aurora digitale*, a paru chez Mimesis, Milan, 2020.

Dépôt légal : 4e trimestre 2020
Bibliothèque et archives nationales du Québec

ISBN 978-2-89578-728-0
e-ISBN 978-2-89578-729-7

À Marianne, Bertrand et Fabio,
en hommage à nos visions au-delà des écrans

J'ai vu tant de choses que vous, humains, ne pourriez pas croire. De grands navires en feu surgissant de l'épaule d'Orion. J'ai vu des rayons fabuleux, des rayons C briller dans l'ombre de la porte de Tannhauser. Tous ces moments se perdront dans l'oubli, comme les larmes dans la pluie… Il est temps de mourir.

Rutger Hauer / Roy Batty, *Blade Runner*

Il y a tant d'aurores
qui n'ont pas encore lui.

Rig Veda, cité dans F. Nietzsche, *Aurore*

Avant-propos
Le récit de tous les récits

Chaque époque a ses modes narratifs de prédilection. Des peintures rupestres de Lascaux au cinéma hollywoodien, de l'Odyssée aux *stories* d'Instagram en passant par les récits autour du feu en des temps reculés, la tragédie grecque, les romans de formation et les feuilletons, jusqu'aux blogs puis aux tweets et à tous les posts qui rythment la culture numérique, ce qui émerge de façon indiscutable, c'est la vocation humaine, très humaine, à raconter des histoires. Telle est notre façon de nous attribuer une identité, de nous reconnaître et d'être ensemble. À bien y regarder, il s'agit là de stratégies et de dispositifs qui nous permettent d'apprendre à faire face aux dangers qui nous entourent ou, tout simplement, à les métaboliser voire à les sublimer.

Les séries télévisées — des plus dystopiques des années 1960, dont *The Twilight Zone* (1959-1964) et *Star Trek* (1966-1969), aux plus récentes, telles *Russian Doll* (2019-), *Sex Education* (2019-), *Gomorra* (2014-) et *Game of Thrones* (2011-2019) — représentent depuis des années déjà la forme privilégiée dans laquelle notre culture se projette, sa manière de rêver et de se faire peur, teintant le quotidien de nuances qui sont devenues les tonalités émotionnelles du présent. Langage par excellence de l'être-là contemporain, elles adhèrent à notre *status* à la fois dans le medium et dans le message, c'est-à-dire tant en matière de dispositifs d'utilisation (smartphones, télévisions, tablettes, ordinateurs...), activés à cette fin de façon de plus en plus compulsive, dans le métro, au lit ou au bureau, que de formes expressives, grâce à l'évocation des figures les plus disparates de l'imaginaire collectif. Elles constituent le méta-texte du vécu actuel avec une précision aussi bien sociologique que sémiologique. Il s'agit du récit de tous les récits, où tout prend sa source et où tout aboutit.

Là où les réseaux sociaux apparaissent en effet comme les laboratoires où se profile cette inversion de la hiérarchie entre auteurs et public préparée par l'industrie culturelle au cours des trois derniers siècles, la série télévisée est sans doute, elle, le dernier espace où le spectateur continue à jouir du spectacle en n'intervenant dans sa définition que de façon limitée — exception faite des pratiques inhérentes à l'univers du *fandom*. Véritable pépinière communautaire, ludique et interactive de recréation de l'œuvre audiovisuelle confectionnée par la production, les fans s'adonnent activement à diverses interventions : *fan-fictions*, mèmes, parodies, *queerbaiting*, auto-productions du type *Web series*, avec d'autres expressions underground de l'internet, qui témoignent toutes de l'effervescence de ceux qu'on qualifiait autrefois simplement d'utilisateurs. Aujourd'hui, dans leur métamorphose progressive, ils sont à la fois auteurs et joueurs, *producers* et *gamers*, voire *tricksters*, *trollers* et saboteurs !

Black Mirror trace la frontière la plus extrême de ce scénario. Au fil de ses saisons, dont le point culminant est le film interactif *Bandersnatch*, un chef-d'œuvre pour nombre de raisons sur lesquelles nous reviendrons à plusieurs reprises, la série anglaise culte déclenche une mise en abyme de l'usager en radicalisant l'hybridation en cours dans les paysages médiatiques entre le récit télévisé classique, le jeu vidéo et les interactions des réseaux sociaux, en parlant de nous, de ce que nous ne sommes plus et de ce que nous sommes en train de devenir. De profondes mutations anthropologiques et sociologiques sont à l'œuvre partout, de la politique aux écrans qui nous entourent, dans la salle de sport et chez le médecin, dans la *club culture* et à l'école, à l'usine et dans les nouvelles prisons du divertissement, jusqu'à l'intérieur de notre chair, nourrissant notre imagination.

Le changement de paradigme qu'on évoque ainsi nous voit à la fois acteurs et objets, victimes et bourreaux, complices malgré nos réticences à l'égard d'un jeu dans lequel alternent dispositifs de pouvoir et dispositifs de plaisir, amour et haine, érotisme et mort. C'est l'enjeu même de la médiatisation de l'existence que nous sommes en train de vivre. Des réflexions analogues sur l'omniprésence des médias dans la vie des gens accompagnaient déjà en sourdine la série télévisée *The Outer Limits/Au-delà du réel* (1963-1965), *spin off* de *The Twilight Zone*, qui constitue l'ancêtre par excellence de *Black Mirror*, au dire de son concepteur Charlie Brooker. Chaque épisode, on s'en souviendra, était précédé d'un court générique comportant, comme dans le cas qui nous occupera ici, une perturbation du signal TV accompagné de la *control voice*, qui déclarait :

> Ce n'est pas une défaillance de votre téléviseur, n'essayez donc pas de régler l'image. Nous avons le contrôle total de l'émission [...]. Nous pouvons aussi bien vous donner une image floue qu'une image pure comme le cristal. Pour l'heure qui vient, asseyez-vous tranquillement. Nous

> contrôlerons tout ce que vous verrez et entendrez. Vous allez participer à une grande aventure et faire l'expérience du mystère avec «Au-delà du réel».

L'écran noir que nous traverserons ensemble dans les pages qui suivent est le portail d'une autre aventure — notre propre vie — au cœur d'une dimension où les frontières du réel et de l'imaginaire sont de plus en plus impalpables et controversées. Les épisodes de la saga produits d'abord par Endemol (2011-2014) puis par Netflix (2016-2019) dévoilent la façon ambiguë et inédite dont nous surmontons le spectacle en devenant le spectacle. Nous voici devant un *show*, un musée, une prison, une forme esthétique et un *game* sans solution de continuité entre l'extérieur et l'intérieur, le moi et l'autre, l'organique et l'inorganique. C'est le monde dans lequel nous vivons, où la technique, les algorithmes et les réseaux sociaux prévalent sur les individus, abolissant l'autonomie, la rationalité et l'anthropocentrisme qui constituent le socle de la culture occidentale depuis la Renaissance.

Black Mirror représente un fait social emblématique du monde actuel, c'est même une œuvre totale, car elle enveloppe le spectre entier de notre existence en conjuguant dans une même dimension le sensible et l'abstrait, le réel et le virtuel, le présent et le futur. L'examen que nous en proposons, selon une perspective multidisciplinaire qui convoque la sociologie de l'imaginaire, les sciences de la communication, les études cinématographiques et médiologiques, la socio-sémiologie et la philosophie, nous permet non seulement de voir notre époque comme une catastrophe, mais surtout de comprendre ce qui est actuellement en train de surgir des cendres de l'humanisme et de la modernité : trolls, sextos, *cancel culture*, *revenge*, *predictive analytics*, formes d'intelligence artificielle et succédanés de l'humain. Nous nous trouvons au cœur de la tragédie, mais quelque chose résiste, naît et prolifère parmi les fragments du passé... Que cela plaise ou non, *Black Mirror* révèle les premières lueurs de ce que nous proposons d'appeler l'« aurore numérique ». Saisissons-la au moment de son surgissement. Ses reflets sont les gardiens de notre destin[1].

1. Cet ouvrage a été conçu et écrit à quatre mains. Cependant, pour des raisons institutionnelles, nous précisons que les chapitres 2 et 3 sont redevables à Claudia Attimonelli, les chapitres 1 et 4 à Vincenzo Susca.

Chapitre 1
Nosedive (Chute libre)
Le quotidien comme dystopie et catastrophe

> Inutile de rêver d'une révolution par les contenus, inutile de rêver d'une révolution par la forme, puisque medium et réel sont désormais une seule nébuleuse indéchiffrable dans sa vérité.
>
> Jean Baudrillard,
> *Simulacres et simulations*

Plus réel que la réalité

Les médias ont toujours été des systèmes complexes et controversés. Ils constituent à la fois le paysage et le langage de l'être humain : le territoire symbolique que nous habitons et la parole au moyen de laquelle nous nous exprimons. Selon les témoignages provenant de maints champs disciplinaires, où se distinguent les noms de Martin Heidegger, d'Edgar Morin et de Marshall McLuhan, ce ne sont pas des outils neutres mais des dispositifs qui, tandis que nous les développons, les diffusons et les consommons, nous façonnent à leur tour. L'histoire nous enseigne que nous devenons en effet les créatures des systèmes techniques et communicationnels que nous avons engendrés[1] : le rapport que nous entretenons avec eux ne répond pas à un principe monocausal et unidirectionnel, mais à une dynamique fondée sur une réversibilité constante, un va-et-vient ou, pour reprendre une expression chère à Gilbert Durand, un trajet anthropologique[2].

L'avènement de la culture numérique, la prolifération du système des objets, la diffusion massive des réseaux sociaux, des appareils portables, des écrans et de tous les *mediascapes* ajoutent autant de nouveaux éléments et de reflets au tableau que nous venons d'esquisser. En particulier, la médiatisation du monde et la mondialisation des médias, avec le lot d'accidents, de confusions et de convulsions qu'elles comportent, imposent avec urgence de définir les modalités actuelles de l'interaction entre communication et vie quotidienne, objets et sujets, technique et culture, mais aussi d'appréhender d'éventuels dysfonctionnements et l'apparition de formes différentes de celle que nous connaissions et de celle à laquelle nous nous attendions. Les médias ont-ils été à la hauteur de leurs promesses ou ont-ils au contraire trahi leur mission ? Leur miroir s'est-il brisé ?

S'il est un texte d'anthropologie culturelle, de médiologie et de sociologie de l'imaginaire qu'il convient d'examiner pour répondre à ces questions fondamentales, c'est bien *Black Mirror*[3]. La série télévisée britannique

1. Voir D. de Kerckhove, *La peau de la culture* ; H. A. Innis, *Empire and Communications* ; A. Mattelart, *La communication-monde.*

2. G. Durand, *Les structures anthropologiques de l'imaginaire.*

3. Telle est l'hypothèse que nous partageons avec divers chercheurs dans le domaine des sciences humaines et sociales, dont nos collègues

écrite par Charlie Brooker nous plonge même dans les abîmes les plus sombres et les plus morbides de cette problématique. Son propos s'affiche du reste dès son logo, un miroir noir fendu, fil conducteur de son parcours diégétique et puissante métaphore de notre condition technoculturelle. De lugubres prémonitions, aussi lucides que visionnaires, représentent la société du futur et retranscrivent de manière paroxystique ce que nous vivons déjà sur notre peau[4] — ou sous elle. La dystopie au cœur de notre quotidien. La série recourt à ce type de science-fiction réaliste, plus réelle que la réalité, qui fait les chefs-d'œuvre. Une science-fiction catastrophique, selon la règle d'or du genre.

Quelle est cette catastrophe qui nous concerne, où nous sommes tous objets et sujets, victimes et bourreaux ? Et quelles marges d'existence subsistent parmi les ruines spectaculaires qui nous cernent ? Avons-nous vraiment atteint, pour paraphraser Francis Fukuyama, la fin de l'histoire ?

Après les horreurs et les traumatismes de la seconde guerre mondiale, on a cru que l'humanité pourrait se relever et renaître de ses cendres. Or, le pli qu'elle a pris dans ces circonstances et les plaies creusées par les bombes, les camps de concentration et tous les génocides perpétrés par les nations belligérantes se définissent au contraire par leur caractère irrémédiable. C'est ce que suggère chaque épisode de *Black Mirror*, qui enquête sur leur actualité

Mario Tirino et Antonio Tramontana, qui ont dirigé l'ouvrage *I riflessi di Black Mirror*, pour lequel nous avons rédigé les articles « Corpo » (C. Attimonelli) et « Esperienza » (V. Susca). Pour l'analyse critique des questions évoquées, nous renvoyons au livre dirigée par A. Cirucci et B. Vacker, *Black Mirror and Critical Media Theory*.

4. Voir A. Lemos, *Isso (não) é muito Black Mirror* ; F. Chiusi, *Dittature dell'istantaneo*.

après le conflit. Et même, telle une spirale, les effets de ce dernier ne peuvent que continuer à se contorsionner et à raviver, avec des modulations inexplorées, la douleur qu'ils charrient. Tout bonheur est absent de ce monde, si l'on exclut de rares fulgurances de plaisir illusoire. Que reste-t-il alors de notre humanité ? De notre expérience ? L'avenir nous réserve-t-il encore une lueur d'espoir ?

Traumatismes. *The Entire History of You*

Une enquête généalogique permet de dénuder les racines de *Black Mirror*, dont les surfaces nous renvoient sous forme d'éclats lumineux les reflets de notre quotidien — de lendemains déjà actuels.

Tout a commencé pendant la seconde moitié du dix-huitième siècle, lorsque la révolution industrielle et l'urbanisation qui en a découlé ont jeté dans les métropoles européennes naissantes des milliers d'individus arrachés à leur terre natale. Dans un état de choc et de dépaysement[5], ces masses ont perdu à jamais la faculté de vivre le réel — le monde des objets et leurs semblables — par contact direct, *hic et nunc*. En ce sens, le passage de la communauté à la société, selon les termes de Tönnies, a avant tout exercé sa coercition sur le corps collectif, de même que l'avènement de l'écriture alphabétique puis de l'impression de masse avaient auparavant infligé — de façon analogue, selon Marshall McLuhan — une blessure à l'être humain et à la vie collective[6].

---

5. Voir W. Benjamin, *Le livre des passages* ; S. Kracauer, *L'Ornement de la masse* ; G. Simmel, *Les grandes villes et la vie de l'esprit ;* G. Vattimo, *La fin de la modernité.*

6. « L'alphabétisation a éjecté l'homme de sa tribu, lui a fait troquer l'oreille pour l'œil et a remplacé le sentiment qu'il avait d'une appar-

Les communications de masse, la métropole de béton, de fer et de verre, puis l'industrie culturelle, agents d'une artificialisation généralisée du monde, constituent à la fois la cure, la sublimation et la version extrême de ces traumatismes, leur concrétion en système. À bien y regarder, l'épisode pilote secret de *Black Mirror* commence exactement dans ces décors : parmi les ruelles lugubres de Londres, Berlin et Paris, où la prostitution exprime avec une crudité ostentatoire la réification de l'existence préparée dans les chantiers proto-industriels ; aux terrasses des cafés, où la vie sociale s'entraîne à se faire mise en scène ; parmi les vitrines des passages, où le flâneur compense son aliénation dans le rutilement de marchandises spectaculaires. Ce n'est pas un hasard si des personnages grotesques ou horribles issus des entrailles de l'imaginaire ont proliféré à l'époque, tels Jack l'Éventreur, les vampires, les tueurs en série et d'autres monstres effrayants incarnant le malaise de la modernité, son ombre sinistre et en même temps fascinante[7].

Les protagonistes de *Black Mirror*, dernières fleurs maudites des jungles modernes, entre spectacle de variétés et littérature, traduisent ces fantômes en vie quotidienne ; ces derniers acquièrent ainsi l'apparence d'êtres humains dans leur interpénétration définitive

---

tenance collective, totale et toute en profondeur par une conscience fragmentaire faite de valeurs visuelles linéaires (...) a écrasé le cercle enchanté et la magie sonore du monde tribal, en écrasant également l'homme et en le réduisant à une agglomération d'individus spécialisés et psychiquement appauvris, des simples unités agissantes dans un monde imprégné par le temps linéaire et l'espace euclidien » (M. McLuhan, *D'œil à oreille*, p. 32). Voir aussi et surtout, sur ce thème, l'œuvre fondamentale de McLuhan, *The Gutenberg Galaxy*, *op. cit.*

7. Sur le rapport entre monstres et industrie culturelle, nous renvoyons à l'œuvre fondamentale d'A. Abruzzese, *La grande scimmia.*

avec la technique, c'est-à-dire au moment où celle-ci prévaut sur le sujet, faisant de lui l'un de ses objets. Ils sont le cauchemar actualisé en expérience ordinaire, dans une mesure directement proportionnelle à la façon dont l'industrie culturelle s'approche des interstices du vécu et s'insinue, par le biais de technologies de plus en plus domestiques, portables, omniprésentes et personnelles, de la place publique à la cellule familiale, jusqu'à pénétrer le corps de l'usager et du fan. Tout ce qui peuplait auparavant notre imaginaire collectif s'est objectivé[8], transplanté dans notre peau collective et personnelle, nous muant en autant de cyborgs, sans que des mutations particulièrement éclatantes soient désormais nécessaires.

> Matt — Quoi, vous ne vous souvenez pas des photocopieuses ? Vous savez ce que c'est ?
> Greta — Quoi ?
> M. — Vous savez ce que c'est, une copie ?
> G. — Quoi, une copie de quelque chose ? Bien sûr que je sais ce que c'est.
> M. — Eh bien, c'est ce que vous êtes.
> G. — Une copie ? De quoi ?
> M. — Une copie de vous.
> G. — Mais je suis moi !
> M. — Bon. Essayez de souffler sur mon visage. Vous ne pouvez pas, parce que vous n'avez pas de corps. Où sont vos doigts ? Vos bras ? Votre visage ? Nulle part. Vous n'êtes qu'un programme. Un cerveau artificiel. Une série de codes enregistrés dans ce petit gadget électronique qu'on appelle un mouchard.
> G. — Pourquoi vous m'avez fait ça ?

8. La notion d'« imaginaire objectif » a été proposée dans V. Susca et D. de Kerckhove, *Transpolitica*.

> M. — Eh bien en fait, ça vient de vous. C'est votre vrai moi qui paie pour ça.
> G. — Je ne comprends pas.
> M. — Vous voyez, tout ceci fait partie d'un service. On prend un mouchard vierge. Et on l'implante dans le cerveau d'un client. Il reste là, sous la peau, pendant une semaine, en espion. En train d'absorber le fonctionnement de ce cerveau particulier. C'est pour ça que vous vous prenez pour votre vrai moi. Vous l'êtes, mais vous ne l'êtes pas. Bon, ça fait beaucoup de choses à intégrer. Même pour un microprocesseur (*White Christmas, Blanc comme neige*).

Plutôt que de recourir au champ sémantique de la réalité augmentée pour décrire la condition contemporaine, il conviendrait de mobiliser celui de l'irréalité augmentée ! De façon totalement inattendue, nous assistons en effet à l'inversion de la hiérarchie et de l'équilibre entre matériel et immatériel en faveur de ce dernier, au point de bouleverser la théorie marxiste sur la structure et la superstructure : aujourd'hui plus que jamais, pensée, imagination et langage précèdent la vie matérielle et la façonnent à leur image[9]. À y regarder de plus près, si l'imaginaire collectif — ou, mieux, connectif — triomphe du principe de réalité[10], alors les médias sont le territoire privilégié de l'être-là, d'où découle tant notre identité la plus profonde, une identité médiatique, que notre expérience, notre vie ordinaire — ou plutôt extraordinaire. L'histoire de Danny et Karl (*Striking Vipers, Vipères frappantes*) est à cet égard révélatrice : ce n'est que grâce à un jeu vidéo en ligne, *Striking Vipers X*,

9. Voir M. Castells, *L'ère de l'information*, vol. 1, *La société en réseaux*; P. Virno, *Grammaire de la multitude*.

10. Voir *Les Cahiers européens de l'imaginaire*, « Le Fake ».

qu'ils assument leur homosexualité — dans l'écran et en jouant. C'est là, en luttant par avatars interposés, qu'ils finissent par s'aimer, en induisant un conflit et du désordre entre la condition matérielle et médiatique de leur existence.

En tant que machine de l'inconscient, dispositif conçu pour capter les fluctuations de l'imaginaire et les translater en flux audiovisuels avant même que les sujets dont elles sont issues soient en mesure de les reconnaître, nommer et entendre, *Black Mirror* est le cauchemar le plus actuel de l'époque contemporaine, une anticipation phénoménale et phénoménologique de notre actualité. La série nous livre notre histoire tout entière, comme l'explicite le titre de l'épisode écrit par Jesse Armstrong, *Retour sur image* (*The Entire History of You*).

Au-delà des annonces grandiloquentes diffusées avec un enthousiasme ingénu et captieux par les protagonistes du *social media marketing* et autres bonimenteurs de la société dite de l'information, de l'économie de l'immatériel et du capitalisme néolibéral, cette histoire, parallèlement aux récits des réseaux sociaux, n'est pas tant l'émanation directe de nos vies, elle est même, au fond, sa contradiction définitive, car elle ne dépend ni ne procède du sujet narrant, cartésien, maître de soi et possesseur de la nature, issu de la tradition humaniste. Poussant à l'extrême la confession utilisée par le christianisme puis par les sciences modernes pour modeler les consciences et normaliser les coutumes[11], le réseau et ses multiples avatars nous incitent à notre insu à nous dépouiller de notre individualité et à l'extérioriser, à rendre publique notre vie, pour ensuite nous enserrer dans leurs mailles et nous traduire en données entière-

11. M. Foucault, *Histoire de la sexualité*, 1, *La volonté de savoir*.

ment mises à la disposition des algorithmes, des intelligences artificielles, des entreprises et d'autres altérités technosociales[12]. « Fiona —Tout ce qui est faux n'est pas nécessairement un mensonge, Liam » (*The Entire History of You*, *Retour sur image*).

Terrorisme psychologique et euphorie nihiliste

Pendant des siècles, nous, Occidentaux, avons agi sur le temps et sur l'espace à partir du sujet afin d'orchestrer le monde à notre guise. Or nous nous livrons désormais à une raison qui nous précède et nous dépasse. Elle nous oublie, en quelque sorte, nous a échappé des mains et semble conspirer, avec notre complicité, contre l'homme moderne[13]. *Black Mirror* est en ce sens le procès le plus impitoyable intenté aux tumultes posthumanistes, postmodernes et posthistoriques qui sont en train d'ébranler l'ordre et les utopies cultivées depuis la Florence du seizième siècle jusqu'au Paris du dix-neuvième. Sa méthode, comme c'est le cas pour le troll de *Shut Up And Dance* (*Tais-toi et danse*), la tablette espion de Marie dans *Arkangel* (*Archange*) ou l'appareil indiscret qui permet de passer en revue les souvenirs des gens dans *Crocodile*, est le terrorisme psychologique. Chaque épisode est une bombe lancée contre notre existence apparemment normale, un dispositif visant à semer panique et angoisse au cœur du quotidien et de ce qui est pour nous l'écoulement ordinaire du temps.

12. M. Pireddu, *Algoritmi*; É. Sadin, *La vie algorithmique*.

13. Tel est le fond de la thèse exprimée par M. Heidegger dans sa *Lettre sur l'humanisme*.

De même que les avant-gardes artistiques du vingtième siècle, des futuristes aux situationnistes en passant par les dadaïstes, ont tiré parti du choc, qu'a théorisé Walter Benjamin, pour réveiller les consciences embrumées des masses en les poussant à se rebeller par le biais de l'auto-négation et à se reconnaître comme aliénées avant de s'affranchir de cet état, les œuvres, les produits et les bombes à retardement que nous tentons ici de reconnaître visent à déstabiliser la linéarité de notre vécu, à exhumer son fond obscur pour nous effrayer, dans un premier temps, puis nous désorienter, afin que nous revenions sur nos pas et retrouvions, avec notre autonomie individuelle, notre humanité.

Tel est leur objectif politique, une sorte de manifeste : interrompre la fête des consommations et des communications, l'orgie des réseaux sociaux et la danse avec les machines, sauver l'individu et lui rendre la souveraineté du moi, du monde et de l'histoire. C'est en effet ainsi que se déploie un projet humaniste, peut-être trop humain…

> Greta — Remettez-moi dans mon corps !
> Matt — C'est là que vit votre vrai moi. Mais on va quand même vous donner un corps artificiel. Nous trouvons que ça aide parfois. Vous êtes prête ?
> G. — Quoi ? Je ne comprends pas !
> M. — Trois, deux, un. Euh… C'est mieux comme ça ?
> G. — C'est mon corps (*Blanc comme neige*).

La situation culturelle contemporaine n'est pas seulement le fruit de la maturation de processus inaugurés il y a des lustres, comme nous venons de l'indiquer. L'un des aspects qui la rendent plus épineuse et complexe est le renversement de tendance par rapport aux dynamiques à l'œuvre jusqu'à présent entre la réalité et les médias. Ainsi que l'avait anticipé Baudrillard dans plusieurs annotations de la pensée de McLuhan, nous avons atteint un stade où ces derniers ont cessé d'être une extension de l'être humain, comme c'était le cas dans le contexte analysé par le génie canadien, pour devenir leur présupposé. « La vérité des media de masse est donc celle-ci : ils ont pour fonction de neutraliser le caractère vécu, unique, événementiel du monde, pour substituer un univers multiple de media homogènes les uns aux autres en tant que tels, se signifiant l'un l'autre et renvoyant les uns aux autres[14]. »

En définitive, après une longue période où la technique a accueilli l'élan de l'humanisme en jouant tendanciellement le rôle d'instrument à sa disposition, nous nous trouvons à l'heure actuelle dans une autre configuration qui se pose en système intégral et intelligent d'énergies, d'algorithmes et de dispositifs, si puissante que c'est désormais nous qui dérivons d'elle.

L'auteur de la fameuse formule révélatrice « le médium est le message » n'ignorait néanmoins pas cette dérive : « En nous soumettant sans relâche aux technologies, nous en devenons des servomécanismes. Voilà pourquoi nous devons, si nous tenons à utiliser ces objets, ces prolongements de nous-mêmes, les servir comme des dieux, les respecter comme des sortes de religions[15]. »

L'effet pervers en question, véritable contenu des angoisses et des malaises évoqués par la série anglaise, de *The National Anthem* (*L'hymne national*) à *Black Museum* en passant par *White Christmas* (*Blanc comme neige*),

---

14. J. Baudrillard, *La société de consommation*, p. 189. Du même auteur voir aussi *À l'ombre des majorités silencieuses ou la fin du social*, et *Simulacres et simulations*.

15. M. H. McLuhan, *Pour comprendre les médias*, p. 91-92.

a de multiples conséquences radicales sur notre façon d'être humains : il implique un décentrement général, un recul, voire une soumission de l'individu aux paysages médiatiques et à leurs déclinaisons. C'est sans doute ce qui nous trouble le plus lorsque nous visionnons, avec autant d'avidité que d'effroi, les divers épisodes de la saga : la disparition du sujet moderne, comme si chaque mort, chaque asservissement et chaque humiliation des protagonistes qui se succèdent dans les visions de Brooker préfiguraient de façon exacerbée et anticipatrice notre destin à court terme, car quelque chose en eux nous renvoie toujours au marécage dans lequel nous nous enlisons déjà.

Comment un tel tableau peut-il nous ensorceler ? Pourquoi nous plaît-il ?

Une analyse attentive suggère qu'une jouissance de ce type n'est pas simplement le fruit des facultés cathartiques des scénarios proposés par les auteurs, ni de l'attrait ancestral que l'ombre et le mal exercent sur le public. Au contraire, c'est sans doute en sombrant dans ces visions lugubres et en y réfléchissant que nous en tirons du plaisir, dans la mesure où nous décelons clairement en elles le malaise inéluctable de l'individu occidental[16], non tant au nom de vagues voluptés sado-masochistes que parce que nous ployons sous le fardeau de notre histoire ; nous avons renoncé à l'espoir depuis longtemps et caressons avec une secrète jubilation l'idée et la représentation de sa ruine, de notre ruine. On peut ici tenir des propos similaires à ceux de Baudrillard après l'attaque des tours jumelles du 11 septembre 2001 : « Les innombrables films-catastrophes témoignent de ce

16. Au sujet de la crise de l'individu moderne, nous renvoyons à M. Maffesoli, *Le temps des tribus*, et à ses *Notes sur la postmodernité*.

phantasme, qu'ils conjurent évidemment par l'image en noyant tout cela sous les effets spéciaux. Mais l'attraction universelle qu'ils exercent, à l'égal de la pornographie, montre que le passage à l'acte est toujours proche — la velléité de dénégation de tout système étant d'autant plus forte qu'il se rapproche de la perfection ou de la toute-puissance[17]. »

En se focalisant sur les détails du quotidien et sur le corps, *Black Mirror* concrétise de manière palpable et microphysique la catastrophe de notre monde, dont le désir résonne de façon plus ou moins latente dans l'imaginaire collectif. C'est une variante inédite de la pulsion controversée qui conduit une partie d'entre nous à être attirés par le spectacle mortifère du terrorisme ou par les dévastations des cataclysmes naturels et d'autres accidents mortels[18]. Charlie Brooker montre que la source de l'effondrement ne réside pas à l'extérieur de nous, ou plutôt que cet extérieur s'est infiltré dans la superficialité de notre chair et dans les profondeurs de notre inconscient, qu'il a été intériorisé : la technique. Ce constat provoque en nous de la frustration, mais aussi de l'angoisse et un sentiment d'impuissance, une perception d'un allégement de l'être — en accord avec la légèreté qui sert d'ambiance émotionnelle, d'esprit, à notre relation aux produits de l'industrie culturelle : une sorte de soulagement inspiré par le fait de ne plus être en condition d'agir, de créer, de construire, d'accumuler, mais seulement d'être agis, consommés et objets de recréation et récréation[19].

17. J. Baudrillard, *L'esprit du terrorisme*, p. 12.

18. Sur le rapport entre les médias, le public et la catastrophe, nous renvoyons à la thèse de doctorat de B. Vidal, *Les représentations collectives de l'événement-catastrophe*.

19. Voir G. Vattimo, *La società trasparente*, ainsi que V. Susca (avec C. Bardainne), *Récréations*.

L'éthique, l'esthétique et le public de *Black Mirror* dégagent en effet une euphorie nihiliste à la fois imposante et virale[20]. Une fois révolues les époques du désenchantement (Max Weber) et du réenchantement (Michel Maffesoli) du monde, une sorte d'enchantement du désenchantement est à l'œuvre, qui réactualise sous une nouvelle forme la contemplation du déclin déjà expérimenté par les modernes, par exemple dans la fascination qu'exercent les gravures de ruines par Piranèse, les éruptions volcaniques et autres cataclysmes représentés dans des tons sublimes.

> Yorkie — Alors tu te sens pas mal ? [Kelly ne sait que répondre.] Peut-être que tu devrais te sentir mal. Ou du moins ressentir quelque chose.
>
> Elle se retourne et s'en va. Kelly est sur le point de pleurer. Elle se tourne vers le miroir et observe son reflet. Elle frappe de son poing la glace, qui se brise. Kelly regarde sa main. Il n'y a pas de sang. Elle se regarde dans le miroir, maintenant de nouveau intact (*San Junipero*).

Danser sur les ruines, ou *Hang the DJ*

Dans *Les villes invisibles*, à propos de la ville d'Andria, Italo Calvino écrit que la correspondance entre la ville et le ciel « est à ce point parfaite que toute modifica-

---

20. En ce sens, la session du séminaire permanent *Longue vie à la nouvelle chair* (10 avril 2019, université Paul-Valéry, département de sociologie) consacrée à *Bandersnatch* (2018) a confirmé, comme s'il s'agissait d'une expérience psychosociologique, la relation morbide et controversée entre *Black Mirror* et ses usagers. Ces derniers (en l'occurrence des étudiants, des chercheurs et des professeurs d'université), chaque fois qu'ils étaient appelés à voter à main levée pour prendre une décision afin d'avancer dans le parcours interactif du film, favorisaient en effet à une large majorité les solutions les plus catastrophiques et violentes.

tion d'Andria comporte quelque nouveauté du côté des étoiles. Les astronomes scrutent le ciel avec des télescopes après chaque changement qui s'est produit à Andria, et signalent l'explosion d'une nova, ou le passage de l'orangé au jaune d'un point éloigné du firmament, l'expansion d'une nébuleuse, ou qu'une spirale de la voie lactée se recourbe[21]. »

Comme auparavant, les médias intègrent notre imaginaire du réel mais ils façonnent aussi notre expérience, aujourd'hui plus que jamais, faisant rayonner l'Andria de Calvino vers l'éther et traduisant les étoiles — puissante métaphore de ce qui est le plus éloigné de nous — dans la ville que nous habitons, en deçà et au-delà de son enceinte. « Tout changement implique des changements en chaîne, à Andria comme parmi les étoiles : la ville et le ciel ne demeurent jamais pareils[22]. » C'est pour les mêmes raisons que le miroir auquel nous avons affaire est brisé : au moment où était en train de s'instaurer une parfaite équivalence entre la vie et les formes médiatiques, l'expérience et son extension technologique, le visible et l'invisible, le jouet s'est cassé, ou plutôt a manifesté qu'il n'était pas un dispositif à somme nulle, qu'il ne produisait ni formes symétriques ni sons harmonieux.

À bien y regarder, les étoiles des *Villes invisibles* sont les fragments du miroir sur lequel s'ouvre chaque épisode de *Black Mirror*, substances, objets, images et sons qui sont tombés sur nous, se sont fichés dans notre chair. Distorsions, dissonances, scories, instruments, corps étrangers provenant de lieux exogènes voire d'une inquiétante altérité. Voilà qu'ils éblouissent notre inconscient, infiltrent l'imaginaire collectif, blessent et excitent notre

21. I. Calvino, *Les villes invisibles*, p. 180.
22. *Ibid.*

chair. C'est aussi sur eux que nous tentons de nous tenir debout en dansant, en dansant sur les ruines.

Andria a été envahie, mais la fête n'est pas finie ! « Panic on the streets of London, Panic on the streets of Birmingham, I wonder to myself, Could life ever be sane again[23] ? », chantaient les Smiths dans une chanson de 1986 intitulée, comme par hasard, « Panic ». La réponse à cette question, érigée en titre d'un des épisodes les plus réussis de la série (*Hang the DJ*, *Pendez le DJ*, E4S4), résonne encore de nos jours et transpire de toutes les superpositions contemporaines, entre oppression, résistance et récréation : « Hang the DJ, Hang the DJ, Hang the DJ, Hang the DJ, Hang the DJ, Hang the DJ… »

Orgie permanente et liberté surveillée

Nous sommes tous en train de mourir, ou peut-être sommes-nous déjà morts, tandis que notre existence gonflée, augmentée, se dilate de façon invraisemblable par le biais de prothèses, de réseaux numériques, de banques de données, d'algorithmes et de technologies de connexion en mesure d'intégrer notre conscience, d'exacerber nos sensations et de réaliser nos fantasmes[24]. Le message le plus *black* et le plus paradoxal, à la limite de l'oxymore, que nous livre à partir de 2011 la série produite par Netflix investit de manière extrême, en phase avec notre temps, l'étymologie du terme « exister », qui vient

23. « Panique dans les rues de Londres, panique dans les rues de Birmingham, je me demande, la vie pourrait-elle être de nouveau saine ? », The Smiths, « Panic », Rough Trade, 1986.

24. Derrick de Kerckhove émet l'hypothèse de l'avènement d'un inconscient numérique. Voir D. de Kerckhove, « L'inconscio digitale », dans A. Buffardi et D. de Kerckhove (dir.), *Il sapere digitale*.

du latin *ex + sistentia* : tirer sa vie d'un autre, extérieur à soi et au moi. En fait, l'« ek-sistence […] consiste en une éjection, une expulsion ou un exil. L'ek-sistant n'est pas jeté hors d'un lieu par une volonté étrangère : son être consiste tout entier dans cet être-jeté[25]. »

Playtest (*Phase d'essai*), *15 Million Merits* (*15 millions de mérites*), *White Bear* (*La chasse*) et d'autres essais de la saga — car il s'agit bien d'essais — nous exposent de la manière la plus obscène notre dépendance, asymétrique et déséquilibrée à notre détriment, vis-à-vis de l'altérité à laquelle nous sommes désormais constamment connectés. S'il est vrai que le monde est de plus en plus à notre disposition, à portée de clic ou de simple pensée, c'est que nous avons cédé au réseau et à ses dérivés la part la plus substantielle de nous-mêmes, que nous nous sommes livrés à ces mains invisibles avec une inconscience généralisée[26]. Au fond, les problèmes induits par les *big data*, le *social profiling*, les algorithmes et l'intelligence artificielle — en termes de subordination, de contrôle et de manipulation de l'individu — renvoient au même nœud crucial : l'annihilation du sujet autonome et rationnel, du *cogito* moderne, à partir de la violation de son intimité, de l'atteinte à sa vie privée et au nom d'autre chose : d'une chair électronique aussi enivrante qu'elle est loin de correspondre aux promesses de bonheur chères à l'Occident.

Dans la convulsion qui caractérise notre quotidien et le monde que nous habitons, faisant de ce dernier un espace marqué par la promiscuité entre ses éléments — sujets et objets, nature et culture, esprit et matière —, l'altération corollaire de tout rapport rapproché avec

25. J.-L. Nancy, *Sexistence*, p. 37.
26. Voir M. Ferraris, *T'es où ?: Ontologie du téléphone mobile.*

l'altérité[27] produit des effets paroxystiques et corrode presque intégralement la cuirasse du moi forgée au prix de tant d'efforts à partir de la Renaissance jusqu'au milieu du vingtième siècle. Nous sommes envahis par nos contacts, cernés par la kyrielle de personnes et de systèmes avides qui sollicitent notre attention, assourdis par le vacarme médiatique, au point que nous avons perdu tout lien avec notre centre de gravité et, dans la confusion créée par la tactilité et la proximité typiques du rythme de vie électronique, égaré notre « point de vue[28] ».

De la Toile à la rue, l'intervalle spatial et temporel entre soi et autrui, réduit au minimum, révèle une condition sociétale à bien des égards comparable à une sorte d'orgie permanente, où nous ne jouissons de la présence de l'autre qu'en nous donnant à lui, comme dans une sorte de prostitution sacrée, sur fond de petite grande mort[29]. En ce sens, la pornoculture qui enrobe notre époque ne concerne pas simplement la sphère de l'érotisme, mais traverse toutes les circonstances où le « moi » se perd dans l'autre — et, ce faisant, devient lui-même autre[30]. C'est pourquoi nous pouvons suggérer que la « prostitution générale » de l'existence signalée et redoutée par Marx dans son analyse du mode de production capitaliste dans les *Manuscrits de 1844* est aujourd'hui en train de s'imposer de manière intégrale, bien au-delà des sphères de la production et de la sexualité.

27. P. Joron, *La vie improductive*.

28. De manière indicative, D. de Kerckhove suggère que la culture électronique porte avec elle le passage du point de vue au point d'être. Voir « *The point of being* », dans D. de Kerckhove et C. Miranda (dir.), *The Point of Being*.

29. Dans *L'ombre de Dionysos*, M. Maffesoli a été l'un des premiers penseurs à proposer une interprétation de la culture contemporaine à partir de la métaphore dionysiaque de l'orgie.

30. Voir C. Attimonelli, V. Susca, *Pornoculture*.

C'est ce qu'illustrent de façon très détaillée, entre autres, les épisodes *Blanc comme neige*, *Archange* et *Black Museum*, inspirés du rythme et de la morphologie de nos existences numériques, des réseaux sociaux et de toutes les formes d'interconnexion qui jalonnent notre vécu. Le partage ininterrompu de l'expérience, l'être-ensemble incessant et la disponibilité illimitée envers l'autre, caractéristiques du règne du *always on*, du *sharing*, des *followers*, des *fans*, de la géolocalisation, mais aussi des systèmes de vidéosurveillance — son pendant obscur — dessinent la reddition totale de l'individu, dans sa chair et son esprit, à des corps étrangers. Cette capitulation, convient-il de soutenir, paraît d'autant plus considérable qu'elle est secondée, sans forcing particulier — pour recourir à un euphémisme —, par tous ceux qui s'y impliquent avec leurs cœurs, *likes*, *smileys*, *stickers*, Gifs et emojis enthousiastes. Bien qu'ils en subissent eux-mêmes les conséquences et en pâtissent, du fait de la réduction de leur propre liberté et de l'essor vertigineux du stress, de l'inquiétude et de la sensation d'impuissance, la fête continue[31].

Comme jadis lors du carnaval, cette célébration encense la défaillance d'une culture, d'une époque et d'un corps au moment où ils succombent pour laisser la place à ce qui leur succède. Ce qui arrive à Lacie Pound dans l'épisode *Nosedive* (*Chute libre*) est en ce sens symptomatique. Dans une conjoncture où la gratification personnelle, le succès et le bonheur de chacun dépendent de l'approbation sociale, plus exactement des notes et des votes attribués en temps réel par ses contacts, selon la manière dont il répond à leurs attentes, la désastreuse aventure de la protagoniste indique bien qu'une telle situation

31. Voir F. Berardi, *Tueries*.

comporte la coïncidence paradoxale de l'ivresse et du désespoir, un état qui enveloppe la condition existentielle contemporaine en produisant une sorte de schizophrénie généralisée. Ce mécanisme sévère incite la jeune femme à devenir un simulacre d'elle-même, en proie à toutes sortes d'humiliations et de frustrations. Épreuve après épreuve, elle est plongée dans un état d'aliénation et d'angoisse qui la rend maladroite au point de perdre tout le capital social à sa disposition. Privée de toute liberté d'action, ce n'est qu'en prison qu'elle en trouvera un résidu paradoxal — la part maudite — dans l'acte extrême consistant à insulter son voisin de cellule.

Le message latent de l'épisode, un véritable jugement sur notre époque, est aussi évident qu'inexorable : face à un monde organisé selon le principe du contrôle et de l'évaluation, qui étend à tous la condition de liberté surveillée, le pénitencier — conçu par les institutions modernes comme lieu par excellence de punition, de traitement de la déviance et de « normalisation » de l'existence[32] par respect pour la vie civile de la société — n'est plus désormais une cage mais une sorte de réserve où les hommes peuvent exprimer de façon exacerbée ce qui leur reste d'instinct, une animalité perdue et pervertie en rage. C'est le dernier refuge de l'individu, la seule parenthèse où ce dernier peut se manifester en n'ayant cure de l'appréciation des autres. Au contraire, la vie collective, façonnée qu'elle est par une solide alliance de lois néolibérales, de réseaux sociaux et de techniques de surveillance, apparaît comme un système carcéral à ciel ouvert dont il faut se libérer au plus vite. Par quel moyen ?

La thérapie indiquée dans les saisons réalisées entre 2011 et 2019, au-delà de leurs différences, ne laisse aucune

32. M. Foucault, *Surveiller et punir. La naissance de la prison.*

place au doute : il est urgent de refuser le bien-être et le bonheur illusoires, les fausses joies éphémères qui droguent l'individu. Celles-ci ne sont que des distractions, semblent dénoncer les auteurs, par rapport à ce qui compte vraiment dans la vie : l'amour, la liberté, la raison et toute autre valeur éloignée du marché des plaisirs et des émotions faciles... Ainsi, en conformité avec les interprétations fournies par Debord sur la société du spectacle, par Adorno et Horkheimer sur l'industrie culturelle, par Marcuse sur l'homme unidimensionnel, par Postman sur la distraction jusqu'à la mort, par Lipovetsky sur le bonheur paradoxal et par Illouz et Cabanas, qui ont récemment proposé leur critique de la *happycratie*, la série télévisée condamne sans appel le modèle de la vie contemporaine, associant ses sourires, ses cœurs et ses vibrations émotionnelles au spectre de la manipulation et de l'assujettissement. Ce halo de bien-être dissimule en fait un miroir noir brisé, notre vie réduite en fragments indiscernables, inorganiques et impuissants.

Chaînes sans fils

L'originalité de la fresque déroulée par *Black Mirror* tient à la façon dont y sont dépeintes non seulement certaines circonstances de notre vécu, fêtes, dîners, spectacles ou rites de consommation, mais aussi n'importe quelle jubilation et jouissance du quotidien, selon un principe de fausseté et d'aliénation qui préfigure une réalité néo-totalitaire pleinement asservie par un bio- et techno-capitalisme intransigeant. En conformité avec le projet marxiste et toutes ses déclinaisons, la série vise en effet à libérer l'être humain de ses chaînes et à l'orienter vers la réalisation d'une société parfaite, dans une sorte d'état de grâce qui n'admet ni failles, ni ombres ni ambiguïtés. Dans un tel contexte, si les conditions d'hétéronomie et de réification perdurent, si l'individu et la communauté à laquelle il appartient ne sont pas parfaitement libres, la joie qu'ils éprouvent est fallacieuse voire nuisible, dans la mesure où elle dissimule et alimente à la fois leur véritable malaise.

Ce type d'idéologie oriente en profondeur les axes de la culture occidentale, dans sa version tant sacrée que profane, depuis ses racines judéo-chrétiennes jusqu'à ses efflorescences matérialistes, dont le communisme, le socialisme et le capitalisme[33]. Par ailleurs, Marx considère lui-même la politique comme la forme profane de la religion[34] : l'une et l'autre sont en effet unies par la même tension, la réalisation d'une condition utopique à poursuivre dans le futur, au détriment du présent, du corps et du plaisir sensible. Qu'il s'agisse de la cité de Dieu dont saint Augustin faisait l'éloge, des sociétés souhaitées par les idéologies des dix-neuvième et vingtième siècles (celles à risque zéro, de l'abondance, du bien-être, de l'harmonie ou de la paix), le principe de base est toujours le même : la vraie vie est ailleurs, demain. Pour l'atteindre dans sa plénitude, nous devons mobiliser nos forces, nier tout ce qui, caduc et illusoire, entrave son avènement et marcher dans le droit chemin…

À la manière des réformateurs protestants, des bolcheviks et des puritains — pour nous limiter à quelques figures emblématiques —, *Black Mirror* radicalise les propositions les plus puristes des philosophies spiritualistes et matérialistes, censure et fustige par le biais de tortures et de châtiments fatals toute distraction, toute

33. M. Maffesoli, *Après la modernité?*

34. K. Marx, *Sur la question juive.*

délectation ou tout fantasme en les traitant comme péchés mortels. La série corrobore une vision manichéenne du monde, qui n'admet aucune complexité ni repli, si bien que le plaisir du présent et dans le présent est suspecté de conspirer contre la vérité et la liberté, de militer en faveur de l'ordre établi.

Au-delà de cette conception réductrice, la vie contemporaine est engluée dans des plaisirs ambigus, sinon paradoxaux, où la jouissance et la douleur coïncident sans solution de continuité, ici et maintenant, nuit et jour. En ce sens, la culture électronique, ce révélateur du temps présent, articule autour de nous, entre nous et en nous une série invisible et puissante de chaînes sans fils qui, en nous reliant — ou plus exactement en nous liant les uns aux autres —, nous procurent à la fois la volupté de l'effusion et l'affliction de la capture. L'ivresse de la confusion et le tourment de l'hétéronomie, de la présence oppressante dans notre dos.

En effet, cette culture et ses multiples avatars, des réseaux sociaux au *Dark Web* en passant par les jeux vidéo et les fêtes qui rythment notre époque, n'œuvrent pas à nous libérer de notre joug, ne nous poussent pas à emprunter un droit chemin mais accueillent une sorte de danse entre les chaînes et nous invitent à chercher le plaisir, la liberté et l'érotisme là où ils sont rares, voire là où ils ne se trouvent pas du tout.

La ruse qui assortit ce genre de sensibilité, présidée par un sentiment de joie tragique[35] et soutenue par la tactique propre à la sagesse populaire[36] ou à ce que Richard Hoggart nomme la « culture du pauvre[37] », ne

35. V. Susca, *Joie tragique*.
36. Voir M. de Certeau, *L'invention du quotidien. Arts de faire*.
37. R. Hoggart, *La culture du pauvre*.

s'attire pas la moindre indulgence de la part de Charlie Brooker et de ses associés, qui la fustigent même dans la moindre de ses expressions, surtout les plus innocentes et les plus spontanées. Comme nous le vérifierons par la suite, dans le sillage ouvert par *1984* d'Orwell[38], *Orange mécanique* de Stanley Kubrick et *THX 1138* de George Lucas, pour nous limiter à des classiques du septième art, le corps est la première cible de leurs représailles — car il s'agit bien de représailles. Un autre fait mérite attention : les auteurs en question, tel le Superman analysé par Umberto Eco[39], ne visent jamais dans leurs intrigues les élites scientifiques, économiques et politiques, mais les derniers, les gens ordinaires et les anomiques, d'Abi et Bing (*15 millions de mérites*) à Stefan (*Bandersnatch*) en passant par Kenny (*Tais-toi et danse*). Comme si la vie quotidienne, dans son inconsistance, les illusions dont elle se berce et les plaisirs qu'elle caresse, était pour eux la véritable responsable du statu quo. L'ennemi à abattre.

Il serait naïf, voire irresponsable, de nier que nous avons atteint un niveau élevé de manipulation et de contrôle de l'existence ordinaire, qui reposent sur une organisation communicationnelle, technique et scientifique dont la visée est de capter et de modeler les formes de notre imaginaire pour les canaliser vers les mailles du système établi. Ce qui prévoit qu'à chaque secousse, émotion ou désir issu du bassin sémantique de la vie connectée, qu'à chaque requête venant d'en bas corresponde une réponse personnalisée, un *pattern* commode et agréable, en apparence innocent, juste et banal mais structurellement contraignant, tel un cadeau qu'on ne saurait refuser. Ainsi, sans que nous nous en rendions compte, notre inconscient collectif et numé-

38. Ce n'est pas un hasard si *Bandersnatch* se déroule en 1984.
39. U. Eco, « Le mythe de Superman ».

rique est soumis à un processus d'analyses et de prévisions en mesure d'anticiper notre volonté, d'échapper à notre système cognitif, jusqu'à ce que nous accueillions favorablement ce que nous n'aurions jamais voulu et encore moins réclamé.

De façon concrète, l'enjeu consiste à décliner nos pulsions, nos sentiments et tout ce qui relève de la passion et de l'imaginaire en marchandises, communications et données intégrées ou à intégrer au système — à la matrice, pour employer un terme cher à la science-fiction. C'est ainsi que nous recevons par e-mail ou trouvons comme par hasard sur les murs et parmi les *posts* de nos réseaux sociaux des propositions de voyage en Corée du Sud après avoir cherché sur Google des renseignements sur Séoul, des invitations à acquérir le dernier livre de Mark Ryden à la suite de notre géolocalisation dans une galerie spécialisée en surréalisme pop, des suggestions de nouveaux compléments biologiques si nous avons exploré des sites consacrés à la santé et aux soins du corps. Et quand bien même nous serions exemptés d'offres commerciales après avoir semé derrière nous des traces numériques, notre identité numérique est toujours quoi qu'il en soit prise dans des flux de données et captée par des algorithmes qui la poussent dans la bonne direction, celle compatible avec la bonne marche du biocapitalisme réticulaire[40].

Bien sûr, il y a toujours un écart entre l'*input* qui vient de nous et l'*output* disponible, entre les désirs des fans, des communautés électroniques ou des *memers*

40. Sur la capacité du capitalisme contemporain à traduire l'esthétique en marchandise, voir G. Lipovetsky et J. Serroy, *L'esthétisation du monde*. Concernant les facultés totalitaires des technologies numériques et des algorithmes, voir A. Greenfield, *Radical Technologies*. Au sujet du biocapitalisme, voir V. Codeluppi, *Biocapitalismo*.

et ce qui leur est offert[41]. Plus précisément, tout ce qui est inutile et nuisible au bon développement du cycle informationnel et économique est, au mieux, récupéré à l'enseigne du cool, comme ce fut le cas il y a quelques temps avec les iconologies du démon, du mal, des drogues dures, du punk ou de la tête de mort[42] ; dans les situations les plus courantes, il est évacué, stigmatisé comme obscène, englouti par le *Dark Web* ou banni, tel Matt, le protagoniste de *Blanc comme neige* (2014). Voilà le schéma de référence de *Black Mirror*. C'est pourquoi la série ne propose pratiquement pas de nuances entre les personnages disciplinés, ennuyeux et zélés, autrement dit les rouages du système, et les anomiques, les fous ou les criminels, qui sont promis à un triste sort.

La clairière

Le grand absent de *Black Mirror* est le corps vivant du quotidien, la poésie sans écriture de ceux qui grignotent les espaces et les moments de liberté interstitielle en jouant entre le licite et l'illicite, suspendus entre soumission et insurrection, de ceux qui détournent subrepticement le sens des machines, des marchandises et des communications au nom de l'ivresse d'être ensemble, effleurant le plaisir même dans la dispersion extrême du sujet moderne.

Si chaque manifestation de la vie numérique et connectée actuelle peut en effet être touchée par l'économie politique et informationnelle, ça ne signifie pas

41. Voir H. Jenkins, *La convergence culturelle* ; A. Lolli, *La guerra dei meme. Fenomenologia di uno scherzo infinito*.

42. Voir C. Attimonelli, « Anatomies baroques. Le cœur et la tête de mort » ; ainsi que C. Attimonelli et A. Giannone, *Underground zone*.

pour autant qu'on puisse tout ramener à celle-ci et l'y réduire. Au contraire, le réseau est sans conteste un champ de forces où coexistent la domination la plus poussée et les poches les plus ferventes de résistance, les éclairs de l'intelligence connectée et les bas-fonds du crime, les sommets de l'aliénation et ceux de la subversion : d'un côté Trump, l'Alt-right, les Incels, le mouvement Cinq étoiles, la complosphère[43] ou la fachosphère, de l'autre #MeToo, Anonyme, #BalanceTonPorc, les trolls, les impertinences de la *meme culture*, les défis des *no borders*, la volupté des *porn tubers* et bien d'autres ramifications sociétales où l'économie affective et symbolique, ainsi que l'esprit de la recréation-récréation, prévalent sur l'ordre financier, commercial et politique[44].

Black Mirror ne capte pas la polyphonie et le caractère hétérogène de la réalité où nous sommes plongés, n'aime pas la complexité. La série propose en effet un spectacle aussi fin en termes d'esthétique, de références et d'effets spéciaux que superficiel sur le plan sociologique, surtout par rapport à la sociologie de l'imaginaire et de la vie quotidienne. Une analyse rapprochée révèle qu'elle ne se borne pas à démasquer l'idéologie dominante dans ses pratiques et ses objectifs, mais se pose aussi comme son miroir et son instrument. Cependant, ni la série ni l'idéologie dominante ne semblent s'intéresser à appréhender le ferment culturel qui fourmille au-delà des écrans et des dispositifs de pouvoir à l'œuvre. Plus précisément, elles s'occupent et se préoccupent d'identifier et de transcrire un seul côté de l'histoire. Et le reste ? Un simple ramassis de résidus insignifiants ? Cette omission est-elle grave ? Qui a été oublié et pourquoi ? Il paraît pertinent, afin

43. R. Josset, *Complosphère*.
44. V. Susca, *Les affinités connectives*.

d'expliquer cette situation, de faire un pas en arrière en adoptant une perspective archéologique et généalogique.

Une fois établi le parallèle entre les fléaux qui marquent les débuts de la condition industrielle et notre époque, notamment en matière de limitations des libertés individuelles sous la pression de la surveillance, du rythme productif et des impératifs moraux imposés à la vie quotidienne — comme le montre avec une sagesse exaltante le génie de Charlie Chaplin dans *Les Temps modernes* —, il semble indispensable de sonder soigneusement les différences entre hier et aujourd'hui. Qu'est-ce qui a changé ? À quel niveau situer le fossé qui sépare, d'une part, la condition associée à l'échange entre la force-travail du prolétariat et le salaire au dix-neuvième siècle et, d'autre part, le don de soi du sujet contemporain sous forme d'une docilité à rendre transparentes ses données personnelles, à être sans cesse traçable et à accepter de multiples injonctions émanant de l'extérieur de la sphère personnelle ?

Si, dans le premier cas, le processus s'appuie sur une rétribution, il repose, dans le second, sur un principe qui n'est plus matériel mais émotionnel, affectif et symbolique : ainsi le sacrifice de l'individu est-il consommé et consumé, comme dans un échange impossible, au nom, dans l'espoir et même dans l'illusion d'une sorte de communion païenne, avec toute l'extase que celle-ci comporte. Ce qui ne signifie pas, bien sûr, que la nouvelle main invisible et prodigieuse du système ne monétise pas plus ou moins directement les pulsions et les intrigues de la socialité numérique, mais ce phénomène se produit sur un plan trop éloigné de la sphère du vécu pour qu'on puisse le considérer comme central sur le plan sociologique, sémiologique et psychologique. Il ne s'appuie pas, même de manière subreptice, sur des raisons matérielles : on pourrait arguer que ces trames ne peuvent fonctionner et se justifier que dans la mesure où elles sont et restent invisibles, voire occultes.

Si la culture numérique conserve son aura, si elle est encore traversée de stupeur, si elle maintient des pics de *coolness*, c'est surtout dans la mesure où l'imaginaire collectif la perçoit comme une dimension intimement liée au vécu, à ce qui est spontané et gratuit, étymologiquement parlant : *gratuitus* vient de *gratia* (grâce), une forme de faveur et de bienfaisance sans raison, paiement ni attente de rétribution.

Bien qu'ils puissent paraître naïfs, comme notre série ne manque pas de le souligner, l'esprit du Web et son pendant dans les contextes urbains sont animés par une logique de la communication privilégiant les espaces sémantiques de la communauté, de la communion et du commun. Il en résulte que l'investissement personnel et sociétal est bien plus substantiel que celui agi par le biais de l'argent : il est en lien avec la chair et l'imagination, les sentiments et les émotions, avec une chose à la fois plus matérielle et plus immatérielle que les échanges commerciaux ou financiers. C'est pourquoi il implique un don complet, aveugle et irréversible. Fatal, donc, mais pas selon la vision univoque et écrasante convoquée par *Black Mirror*. Il s'agit plutôt ici de considérer la « dépense » du sujet, sa dissipation, dans une plus vaste perspective philosophique, sociologique et anthropologique ; celle qu'indique par exemple Georges Bataille, pour qui il est indispensable de saisir le lien indissoluble entre érotisme et mort, plaisir et douleur, puisque le statut même de l'extase exige la disparition du moi. « L'érotisme [...] est à mes yeux le déséquilibre dans lequel l'être se met lui-même en question, consciemment. En un sens, l'être se perd objectivement, mais alors le sujet s'identifie avec l'objet qui se perd. S'il le faut, je puis dire, dans l'érotisme: JE me perd. Sans doute n'est-ce pas une situation privilégiée. Mais la perte volontaire impliquée dans l'érotisme est flagrante: personne n'en peut douter[45]. »

Qu'est-ce que le selfie, au fond, sinon ce « soicrifice », un sacrifice de soi? Par ce geste désormais généralisé, véritable rituel du quotidien, chacun de nous intensifie et corrobore son expérience du monde en y renonçant, vit avec intensité une situation précisément parce qu'il ne la limite pas à son cadre individuel et la partage au contraire avec autrui: la technique, les écrans, les réseaux sociaux. Ainsi, loin d'être un acte narcissique — tout au plus s'agit-il d'une forme de narcissisme collectif —, nous avons ici affaire à une sorte de don, d'offre par le biais d'un *shooting*, dans le double sens du verbe en anglais: photographier et tirer une balle[46].

Chaque cliché de ce genre brouille la frontière entre soi et l'autre que soi, immortalise un passage de notre vécu en le plaçant entre les mains d'autrui. C'est un peu comme arrêter le cours de l'existence, suspendre l'être-là *hic et nunc*, figer la marche de l'individu en tant que centre de l'être-ensemble, qui glisse alors vers une condition où il est au contraire question d'être agi, d'*être dansé*. La pose dans laquelle nous cristallisons cette image, l'emballons et la mettons à la disposition du regard et de la retouche des personnes à qui nous nous donnons, est le début de la danse — une sorte de danse macabre.

Black Mirror en est la version et la vision plus sombre: n'est-il pas le selfie le plus sadique que nous nous infligions?

45. G. Bataille, *L'érotisme*, p. 37. Voir aussi G. Bataille, *La part maudite*, ainsi que P. Joron, *La vie improductive*, et O. Romano (dir.), *Bataille*.

46. Malheureusement, l'interprétation du rapport entre la culture numérique et le moi en termes de narcissisme tend actuellement à prévaloir dans les sciences humaines et sociales. Voir par exemple L. Haddouk, « *Black Mirror*: le narcissisme à l'ère du numérique ».

Sa nature la plus féroce consiste précisément à ne représenter aucun plaisir qui ne soit faux, déformé ou pervers. Les rares éclairs de bonheur mis en scène, de *Be Right Back* (*Bientôt de retour*) à *San Junipero*, prennent en fait l'aspect de passions froides destinées à être vite déçues et frustrées, voire humiliées. Réifiées par le miroir des médias, elles deviennent des choses parmi d'autres dans le système des objets, des marchandises entourées d'autres marchandises. Brisées en éclats inorganiques, elles finissent par blesser la chair et démolir la psyché des êtres humains.

L'état des lieux est de fait bien plus complexe mais il faut sans doute, pour appréhender pleinement ses sédimentations, du sous-sol à la surface, se débarrasser de la tentation du jugement et du réductionnisme. Il faut refuser de n'attribuer légitimité et vérité qu'aux plaisirs considérés du point de vue des moralistes, de ne leur accorder de valeur que s'ils sont cohérents avec les idées abstraites que nous privilégions, conformes aux idéologies, aux projets ou aux autres grands récits élaborés par les élites au cours des siècles et entérinés par des textes sacrés, des manifestes artistiques ou des encyclopédies.

Comme le suggère Max Weber, être à la hauteur du quotidien exige, aujourd'hui plus que jamais, l'humilité de dévoiler la joie tragique issue du tissu de la vie ordinaire, dans le rapport avec la technique et avec les réseaux de plus en plus tentaculaires qui nous entourent[47]. Cette joie n'a rien à voir avec les utopies de la libération et avec les divers messianismes ponctuant l'histoire de l'Occident. Elle participe plutôt d'une forme de bon sens populaire qui s'approprie la caducité de l'existence et célèbre chaque rayon de lumière comme une béatitude éternelle. En lien

47. M. Weber, *Le savant et le politique*.

avec ce qui a été précédemment indiqué, mieux vaut relativiser les clés de lecture économistes et utilitaristes pour embrasser les théories du don qui, de Marcel Mauss à Michel Maffesoli en passant par Georges Bataille, Jean Duvignaud, Jean Baudrillard et Philippe Joron, ont suggéré l'existence et la pertinence, dans le cadre de la vie collective d'hier et d'aujourd'hui, de logiques privilégiant l'échange symbolique et affectif plutôt que matériel.

Si nous accordons autant d'attention au potlatch des Indiens d'Amérique, tel que Mauss l'a étudié[48], qu'aux pratiques contemporaines de partage, de cession de données personnelles, de selfies et de disponibilité *always on* dans les réseaux sociaux, nous sommes appelés à réévaluer le fait que, dans le domaine du quotidien, la vie prend plus de valeur en fonction de ce qu'on donne que de ce qu'on reçoit en retour, de ce qu'on perd que de ce qu'on gagne — comme le savent bien les joueurs, les sportifs, les adeptes de musique techno et les usagers du monde du jeu en ligne. Ainsi le moment est-il venu d'interpréter les déficits, désavantages, gaspillages, pertes, actions improductives et tout ce que, dans la vie collective et personnelle actuelle, les épisodes de *Black Mirror* et les mots des analystes recensent comme passivité. « Le don, dépouillé de nos idées de négoce ou de commerce, est bien le "sacrifice inutile", le pari sur l'impossible, l'avenir — le don du rien. La meilleure part de l'homme[49]. »

Apparemment, le don de soi, de tout et de rien célébré à chaque seconde entre la Toile et la rue est la performance luxueuse, la mutation excessive et obscène par laquelle l'individu contemporain se dépouille de sa subjectivité pour faciliter l'avènement d'autre chose que l'homme

48. M. Mauss, *Essai sur le don*.

49. J. Duvignaud, *Le don du rien*, *op. cit.*, p. 15.

moderne, qui reste encore à découvrir. Telle l'iconologie de *Black Mirror*, la vision de cette scène, aveuglante, provoque en nous une sueur glacée et de cuisantes abrasions. Les éclairs résiduels de plaisir qui y apparaissent tels des feux follets ou des flammes infernales sont des allégories de l'éphémère et de l'apocalypse — de l'éphémère en tant qu'apocalypse.

Tout prend ici l'apparence de corps souffrants, malades, blessés, schizophrènes, à la dérive, disciplinés jusqu'à l'objectivation, tout semble se défaire, exploser, mourir. Nous nous trouvons dans un scénario semblable à celui évoqué par Calvino dans ses *Villes invisibles* : « L'enfer des vivants n'est pas chose à venir ; s'il y en a un, c'est celui qui est déjà là, l'enfer que nous habitons tous les jours, que nous formons d'être ensemble. » La tâche risquée mais indispensable esquissée par l'auteur italien est aussi valable pour nous : si l'industrie culturelle peut ignorer cet avertissement, ce n'est pas le cas de ceux qui veulent étudier le présent : « Chercher et savoir reconnaître qui et quoi, au milieu de l'enfer, n'est pas l'enfer, et le faire durer, et lui faire de la place[50]. »

Même dans l'enfer glacial de *Black Mirror*, à contre-courant de l'ordre du discours préféré par ses auteurs, on entrevoit des brèches qui méritent attention, dans le sens où elles dévoilent, au fond du gouffre le plus sombre, les premiers rayons de la nouvelle chair en gestation. L'obstination avec laquelle Frank et Amy défient le sort adverse qu'un algorithme réserve à leur couple dans *Pendez le DJ*, le choix de vie commune de Yorkie et de Kelly, post-mortem et en dehors des liens familiaux, dans *San Junipero*, la performance de Nish — vengeance et fuite — au musée des horreurs de *Black*

50. I. Calvino, *Les villes invisibles*, p. 189.

Museum, ainsi que d'autres manifestations de ce genre dans la série télévisée, mais aussi dans notre quotidien, sont des preuves significatives qui indiquent que quelque chose résiste et s'agite, même là où tout semble mener à une dictature intransigeante.

Tel est le défi à relever au milieu des multiples fragments médiatiques, des ruines et des monuments écroulés autour de nous : comprendre et même accompagner ce qui est en train de jaillir au-delà de la modernité et de l'humanisme occidental. De même que Heidegger distingue dans l'obscurité du *Gestell* — la technique qui s'est mutée en système de pouvoir et arrière-plan existentiel — un premier « clignotement de l'être-là[51] », trouve-t-on quelque lueur de ce type dans *Black Mirror*, la clairière de notre temps ? Si oui, quel sujet et quel objet annonce-t-elle ? Dans quelle mesure affecte-t-elle, investit-elle et altère-t-elle notre humanité ?

Extension du domaine de l'aliénation

Black Mirror est une affaire de vie ou de mort. Un examen attentif révèle que ses histoires, de *L'hymne national à Black Museum* et à *Bandersnatch*, dévident telle une litanie spectaculaire un fil conducteur lugubre. Épisode après épisode, Brooker nous propose un va-et-vient insistant entre ses récits et les chroniques de notre temps, sous forme de catalogue illustré de toutes les qualités mortifères et mortifiantes, virtuelles et factuelles, du paysage techno-communicationnel contemporain, où figure l'écroulement des autels sacrés pour le monde moderne : l'effondrement de la famille, la dévastation des

51. M. Heidegger, *Identität und Differenz*.

sentiments humains, la crise du progrès, le déclin de l'Occident, entre autres deuils aux tonalités catastrophiques.

Par ailleurs, les médias ont toujours été la cause et l'effet d'équilibres sans précédent entre le royaume des vivants et celui des morts. En ce sens, l'invention de la communication de masse puis de l'industrie culturelle entre la fin du dix-huitième siècle et le milieu du vingtième s'est traduite par le passage d'un paradigme à un autre, le premier étant marqué par la priorité de l'être humain, de l'individu et de la nature, le second par la prévalence de la technique, le système des objets, les artifices, les simulacres et autres fantasmagories[52]. Ce n'est pas un hasard si le dix-neuvième siècle, où la modernité a triomphé dans ses splendeurs et ses misères, comme l'illustrent aussi bien Baudelaire que Balzac, était marqué par l'exubérance de la mode[53], un univers où, selon Benjamin, s'exprime le « sex-appeal de l'inorganique[54] », de la photographie, première apparition notoire de créatures fantasmatiques et du processus à juste titre qualifié de « dématérialisation du monde[55] ». C'est aussi l'époque où des figures telles que le monstre de Frankenstein et Dracula se déchaînent dans l'imaginaire collectif, symptomatiques des peurs et des dépaysements induits par l'irruption dans le quotidien de machines, de créatures et de conditions inédites, aliénantes et macabres.

Cette panoplie a aussi contaminé la pensée d'auteurs pourtant éloignés de l'enchantement des légendes

52. Nous pensons notamment à G. Anders, *L'obsolescence de l'homme* ; M. Heidegger, *Lettre sur l'humanisme* ; J. Baudrillard, *Le système des objets*, et *Simulacres et simulations* ; W. Benjamin, *Le livre des passages*.

53. A. Rafele, *La Métropole*.

54. W. Benjamin, *Angelus novus* ; M. Perniola, *Le sex-appeal de l'inorganique*.

55. O. W. Holmes, « The stereoscope and the stereograph ».

urbaines, des mythologies de masse et des inventions littéraires. Par exemple, Marx et Engels n'hésitent pas à s'y référer explicitement au début du *Manifeste du Parti communiste*: « Un spectre hante l'Europe... » Ils définiront aussi, dans le même texte, le nouveau modèle de production fondé sur le capital comme un système à travers lequel « tout ce qui avait solidité et permanence s'en va en fumée[56] ». Dans le même ordre d'idées, l'une des magistrales indications livrées par Auguste Comte est encore plus révélatrice: le fondateur de la sociologie écrit en effet dans son *Catéchisme positiviste* de 1852 que « les vivants sont toujours, et de plus en plus, dominés par les morts[57] ».

Nous voici à l'*incipit* du contemporain. Les protagonistes du produit culturel ici examiné, en portant à son apogée l'histoire qui vient d'être ainsi rapidement rappelée, semblent cristalliser une forme d'expérience où, comme dans une danse macabre justement, la distance entre vivants et morts est réduite au minimum, où les seconds reviennent à la vie par le biais de dispositifs technomagiques[58], lesquels conditionnent à tel point les premiers qu'ils se réifient une fois pour toutes.

La différence entre la situation ici décrite et celle façonnée par la révolution industrielle réside dans l'extension du domaine de l'aliénation au-delà de l'espace et du temps du travail. Par exemple, les ouvriers aux mouvements servo-robotiques présentés dans les films *La sortie de l'usine Lumières à Lyon* (1895), *Metropolis* (1927) et *Les Temps modernes* (1936), pour en rester à

56. K. Marx et F. Engels, *Manifeste du parti communiste*, p. 23.

57. A. Comte, *Catéchisme positiviste*, p. 79.

58. La notion de « technomagie » a été proposée dans V. Susca, *Récréations* et *Joie tragique*. Elle a été développée dans le n° 3 des *Cahiers européens de l'imaginaire* (2010).

trois exemples éloquents de ce phénomène, sont présentés comme des victimes des machines pendant les heures de production ; c'est en effet sur celles-ci que sont braqués les projecteurs critiques du cinéma. Le reste de la journée, à l'écart des reflets médiatiques, semble en revanche leur offrir des brèches de liberté et même les premiers frissons des loisirs, ces pierres angulaires de l'esprit de notre temps[59].

Contrairement aux personnages des films mentionnés et bien d'autres, ceux de la série, comme en témoignent sans équivoque les épisodes *15 millions de mérites*, *Chute libre* et *Blanc comme neige*, sont autant de corps posthumains intégralement absorbés par la technostructure et ses ramifications, sans la moindre marge d'autonomie, hormis celle accordée par les erreurs du système, qui, bien que fatales, représentent les dernières chances possibles de s'octroyer un résidu de liberté[60]. Une liberté apocalyptique privée de toute jouissance, de

Troll

59. E. Morin, *L'esprit du temps.*

60. Voir J.-M. Besnier, *Demain les posthumains* ; R. Marchesini, *Post-Human* ; M. Pireddu et A. Tursi (dir.), *Post-umano.*

même que tous les pantins de *Black Mirror* ne goûtent plus aucun plaisir, même de manière illusoire. Ce qui les guette, en revanche, quand ils succombent à leurs instincts voluptueux, ce sont les épouvantails aussi horribles qu'humiliants du *trolling*, comme dans le cas illustré par *Tais-toi et danse*.

La *camera obscura*

Quelles possibilités de vie subsistent parmi les fragments brisés de *Black Mirror*, ce sombre miroir de notre présent ? Selon Brooker et ses complices, il en reste peu, et leur récit a même l'aspect d'un inexorable *memento mori*, tout comme la photographie, selon Susan Sontag, a été le *memento mori* médiatique par excellence des temps modernes[61]. La série anglaise est une anthologie catastrophique d'instantanés de notre époque, elle parle de celle-ci en tant que catastrophe, où la vie flirte avec la mort et l'expérience n'est qu'une pente menant au précipice[62].

L'usage social de la photographie est en ce sens une pierre de touche de la phase que nous avons abordée, dans ses continuités et ses ruptures avec les siècles passés. Si ce médium a surtout eu pour rôle, entre le dix-neuvième siècle et la seconde moitié du vingtième, de capter, de conserver et d'exposer les traces de l'expérience, du « ça[63] », en se posant comme instrument de la mémoire, il est aujourd'hui devenu l'existence même, le monde que nous vivons. En d'autres termes,

61. S. Sontag, *Sur la photographie*.

62. Sur le rapport médiologique et philosophique entre cinéma et catastrophe, voir C. Attimonelli, « Le désavenir du temps ».

63. R. Barthes, *La chambre claire*.

ainsi que nous l'éprouvons sans cesse au quotidien et que le martèle *Black Mirror*, nous n'estimons désormais notre expérience réelle et vraie que dans la mesure où elle a instantanément un reflet médiatique, social et connecté. Pour rester dans le domaine que nous venons d'évoquer, nous ne sommes plus en mesure de savourer les moments plus ou moins saillants de notre vécu sans les transférer en photographies et les percevoir en tant que photographies.

Tout le spectre du réel et de l'irréel conflue aujourd'hui dans une sorte de photographie intégrale. Ainsi, après avoir pris acte, entre le dix-neuvième siècle et le vingtième, du « devenir-image du monde[64] », nous sommes aujourd'hui impliqués, sinon jetés, dans le « devenir-monde de l'image[65] », plongés dans une image-monde où une chose, quelle qu'elle soit, ne prend pour nous de sens accompli et authentique que si elle est consubstantielle à l'univers des médias et partagée en ligne. Sinon, elle n'existe pas.

Paradoxalement, nous ne parvenons à ressentir ce que nous vivons qu'en le rendant public au moyen de photos ou de vidéos en temps réel, en donnant à autrui une chose qui nous concerne, en renonçant à la préserver et à la protéger : encore une fois, selon le leitmotiv de cet essai, en sacrifiant le moi au nous. D'autre part, la banalisation des images photographiques[66] — c'est-à-dire la capture par le regard photographique de chaque segment biographique personnel et collectif, et non

64. G. Debord, *La société du spectacle*. La thèse a été exprimée auparavant, en termes différents — plus précisément, selon le principe de la « dématérialisation » —, par l'Américain O. W. Holmes dans *The Stereoscope and the Stereograph*.

65. V. Susca, « Il divenire mondo dell'immagine ».

66. Voir F. Ritchin, *After Photography*.

seulement, comme c'était le cas à l'époque analogique, des rites de passage, c'est-à-dire des situations exceptionnelles — indique l'ampleur de notre absorption complète dans un cadre technosociétal qui est désormais le paysage que nous habitons. C'est ce que révèlent, entre autres, les épisodes *Retour sur image*, *Blanc comme neige* et *Archange*. Il s'agit de ce que nous constatons dans toutes les circonstances où nous nous rendons compte que nous sommes photographiés ou vidéosurveillés, lorsque nous photographions tout et n'importe quoi avant même de percevoir ce qui se passe autour de nous et que nous postons compulsivement des clichés d'instants que nous n'avons pas encore élaborés ou qui sont loin d'être épuisés.

Dans ce genre de circonstances, nous actualisons sans le savoir le scénario frénétique et décomposé présenté par Dziga Vertov dans *L'homme à la caméra* (1927), celui d'une métropole où machines, sujets et médias s'entrechoquent en provoquant des heurts psychologiques, des fractures du paysage, des montages et des démontages inédits, des déconstructions et des recréations. Toujours dans le domaine cinématographique, c'est comme si le photographe de *L'Aurore*, le film de Murnau (1927), qui tente d'immortaliser le jeune couple devant lui dans son attitude la plus spontanée, parvenait à remplir une fois pour toutes sa mission : comme le signalent tant *Black Mirror* que nos existences, nous prenons toujours la pose à notre insu, intégrés dans le système et désintégrés en tant qu'individus. Un témoignage nous en est fourni dès les deux premiers épisodes de la série, où tant le premier ministre britannique de *L'hymne national* que les deux anomiques de *15 millions de mérites* se voient contraints de trahir leurs vocations éthiques les plus chères au nom d'un spectacle massacrant.

Par ailleurs, Barthes a signalé à juste titre que la pratique de la photographie, prodrome le plus profond de notre série, s'est longtemps appuyée sur une requête spécifique, « sois naturel », que chaque photographe professionnel ou amateur adressait à son sujet, jusqu'à la fin du siècle dernier[67]. Cette injonction très révélatrice exprime l'ambition du médium et de ses agents, englober la vie nue dans ses aspects les plus intimes et les plus sincères, et même son aspiration vorace, annexer et aspirer le réel dans sa structure en allant au-delà de la mise en scène de la pose, qui représente un compromis, une négociation entre la vie quotidienne et le système — le dernier intervalle entre la chair et sa reproduction médiatique, le moi et le nous, le sujet et l'objet.

La phénoménologie de notre époque n'admet aucune distance ni distinction entre médias et sujets, technique et vécu, dispositifs communicationnels et existence ordinaire : sans la discontinuité qui sépare les uns des autres, scellée par le déclic de l'appareil photographique, par l'entrée dans les salles de cinéma, par l'allumage de la télévision ou par la connexion à Internet avant l'ère du *always on*, nous vivons suspendus, confus et confondus, dans un paysage où le sensible, le matériel, l'imaginaire et la fiction partagent la même substance palpitante et effrayante, où nous sommes à la fois nous-mêmes et autres.

Ce n'est pas un hasard si le mot clé pour décrire notre condition actuelle est *fake*, véritable spectre de notre temps, *épistémè* d'un réel plus réel que la réalité. Telle est la hantise que *Black Mirror* agite au-dessus nos vies. Par le choc — en nous choquant —, la série vise à briser la communion entre les médias et la vie quotidienne, à

67. R. Barthes, *La chambre claire.*

provoquer l'indignation face à la magie noire dont nous serions les proies, à exploiter la peur que la mort soit la seule issue possible d'une existence qui a atteint un tel stade de mystification. Cette thèse s'appuie sur une prémisse implicite : le regret de l'authenticité perdue, d'une époque où, comme nous l'entendons répéter de façon éclatante sur tous les fronts, la division entre vrai et faux était sans appel. Elle néglige le fait que notre cadre existentiel, en tant que construction sociale, a toujours été le fruit de dialogues, de conflits et d'allers-retours entre soi et autrui, moi et nous, la personne et son environnement. Toute sociologie des processus culturels suggère en effet que même le refuge individuel le plus caché — de la grotte platonicienne aux arcades de Bologne — est exposé au regard d'autrui, sinon directement prédisposé par l'écosystème et par l'imaginaire qui précèdent et excèdent, dans le temps et l'espace, chaque sujet singulier. Nous ne pensons pas simplement à la construction sociale de la réalité, mais aussi à la contrainte même du réel, en deçà et au-delà des êtres humains : à l'ordre des choses[68].

Au cours de l'histoire, d'un autre côté, en évacuant une fois pour toutes une telle légèreté, il est aisé d'identifier une série bien visible de sédiments dont se nourrissent et dérivent les divers dispositifs de surveillance dénoncés par *Black Mirror*. En ce sens, dans une perspective de philosophie sociale, la soumission des individus à la loi de la tribu pendant de nombreux siècles avant les temps modernes, l'œil tout-voyant et tout-puissant du Dieu médiéval braqué sur chaque être humain[69], de même que les divers panoptiques[70] développés à partir du dix-hui-

68. Voir M. Maffesoli, *L'ordre des choses*.
69. J. Le Goff (dir.), *L'Homme médiéval*.
70. J. Bentham, *Panoptique ou Maison d'Inspection*.

tième siècle, ne sont que quelques exemples, quelques étapes et quelques traces de l'hétéronomie qui gouverne telle une sorte de loi implacable, au-delà des idéologies individualistes, la vie personnelle et collective[71].

Nous avons toujours été englués dans un miroir noir, captivés par l'intrusion et la prévalence de l'autre. « L'enfer, c'est les autres », écrivait Sartre dans *Huis clos*, bien avant l'avènement des nouveaux médias numériques et de tous leurs systèmes de surveillance et de localisation…

La *camera obscura* de *Black Mirror* est ainsi avant tout un récit à effets spéciaux et à sens unique sur le triste sort de l'individu moderne dans son utopie de la libération, une sorte de nécrologie spectaculaire du sujet occidental et de notre humanisme en tant que projet visant à placer l'homme autonome et séparé de tout ce qui l'entoure, dans sa vie active, au centre du monde. Pour la série anglaise, la réalité et l'imagination augmentées, l'intelligence artificielle, les algorithmes, les réseaux sociaux et tous les autres dispositifs technoscientifiques ne sont que des voiles illusoires, scintillants et inconsistants, destinés à dissimuler la perte définitive de soi dans son altérité la plus inquiétante. Voilà ce qui préoccupe ses auteurs, ce qui les angoisse — sans doute plus que ceux qui vivent le quotidien — et fait d'eux des nostalgiques sévères et militants de la modernité. Mais celle-ci, avec toutes ses idéologies, n'est-elle pas justement l'origine, la raison et l'architecte de ce miroir noir ?

71. À ce sujet, nous renvoyons à l'œuvre de G. Tarde, *Les lois de l'imitation*.

Chapitre 2
La dépense du grotesque

Pour une théorie du superficiel

Toute une panoplie synthétique de surfaces visuelles est de nos jours vouée à la disposition des images sur des supports et dans des formats de divers types, dont les plus diffus au sein de l'expérience quotidienne sont les photographies (numériques et sur papier, avec leur pellicule), les lentilles (traditionnelles et Google Glass), les écrans, les miroirs, et même la peau[1]. La culture occidentale, en premier lieu, à partir de l'avènement de la photographie et des médias qui se sont succédé, du cinéma à la télévision et aux langages multimédias, a réorganisé les savoirs et les dynamiques sociétales autour de relations complexes avec des objets *superficiels*, qui ont donné naissance à une théorie des surfaces profondes. Si l'idée de la portabilité du savoir et de l'art remonte indéniablement à

1. En ce qui concerne la peau, nous situons notre réflexion sur l'axe qui va de la notion de « corps revêtu » de P. Calefato (*Mass moda*) à celle de « peau de la culture » de D. de Kerckhove (*The Skin of Culture*).

l'impression, donc au livre, à l'image et au cadre, c'est toutefois le vingtième siècle qui a comprimé les volumineux contenus des cultures humanistes en formats de plus en plus minces — jusqu'à leur disparition dans la nature numérique et immatérielle. Du disque aux images photographiques, aux supports lus par les appareils audiovisuels (VHS, DVD, fichiers de divers formats) et aux multiples dispositifs de reproduction optique actuels[2], tout ce qui permet l'audiovision par le biais d'écrans et d'interfaces du quotidien depuis plus d'un siècle est exploitable sur des surfaces en apparence bidimensionnelles, lesquelles dissimulent en fait une profondeur médiologique et symbolique, autrement dit une épaisseur et une quantité de contenus inimaginables comparativement aux volumes en papier de la culture alphabétique. Cette condition a investi tous les domaines du quotidien en bouleversant de fond en comble l'imaginaire qui l'accompagne, de la disparition progressive du bottin au profit de la rubrique des smartphones à la fermeture des laboratoires de développement photographique supplantés par les magasins de téléphonie mobile. L'historicisation de la vision dit clairement que les dispositifs véhiculant les images déterminent les dynamiques culturelles, anthropologiques, sociales et politiques[3].

Le superficiel — ce qui a lieu en surface — s'est radicalement éloigné de l'idée d'un manque de contenus. On peut même affirmer que la surface a désormais cessé d'être superficielle et contient plutôt des sédimentations de contenus : c'est en elle, avant tout, que la phase la

2. Il ne faut pas négliger que le dispositif optique est souvent associé, dans l'histoire, à la surveillance, par excellence dans le panoptique de J. Bentham.

3. A. Pinotti et A. Somaini, *Cultura visuale*.

plus récente de l'évolution humaine prend sa source, et elle recèle la profondeur de notre temps, son abîme. La pensée sociologique, sémiotique et philosophique, de conserve avec les études visuelles, s'emploie depuis quelque temps à interpréter cet « enracinement dynamique[4] » et à accompagner son développement. Ainsi estimons-nous que le cyberespace, le *nonsense* à la Carroll, les affinités connectives, l'afrofuturisme et le *black mirror* s'articulent avec la crise actuelle de la modernité.

« Nous rêvions de passer de l'autre côté des miroirs, mais ce sont les peuples des miroirs eux-mêmes qui feront irruption dans notre monde. Et cette fois, ils ne seront pas vaincus[5]. » Cette affirmation de Jean Baudrillard, tirée du chapitre « La revanche du peuple des miroirs », est inspirée d'une allégorie de Jorge Luis Borges, « Animaux des miroirs », où l'auteur imagine l'invasion de la Terre par le peuple des miroirs et l'emprisonnement de celui-ci de l'autre côté, puis prédit une insurrection. Baudrillard, concluant par les mots « I'll not be your mirror », renverse le vers « I'll be your mirror » de Velvet Underground et annonce le triomphe de l'altérité, ses représailles, ou sa « revanche » sur l'ordre du discours humaniste. Comme l'écrit Borges dans le même conte, autrefois, « on entrait et on sortait des miroirs ». Colin, dans ses monologues délirants de *Bandersnatch*, célèbre les multivers borgésiens en affirmant que « les miroirs vous laissent vous déplacer à travers le temps », pour peu que vous adoptiez des systèmes interprétatifs et des simulacres de la réalité en mesure d'offrir des chemins alternatifs[6].

---

4. M. Maffesoli, *Notes sur la postmodernité*.
5. J. Baudrillard, *Le crime parfait*, p. 204.
6. Voir notamment de J. L. Borges, *Le jardin aux sentiers qui bifurquent*.

Dans *Logique du sens*, Gilles Deleuze lance une puissante critique des idées en faveur des simulacres, s'aventurant avec Alice dans le *nonsense* de deux mondes, le pays des merveilles et la maison dans le miroir. À partir de ce dernier lieu, le philosophe entreprend des parcours sur le sens qui semblent se limiter à des questions de surface mais qui, ce faisant, instaurent une possible philosophie superficielle selon laquelle rien n'est plus fragile que ce plan de l'existence: des fissures, des frictions, des coupures, des fêlures, puis des éclats et des bruits stridents exigent qu'on survole le monde superficiel sous peine de devenir fous dans la tentative pour interpréter ses dynamiques incompréhensibles.

Dans la mesure où *Black Mirror* se présente à bien des égards comme un simulacre des mondes visités par Alice, « ce qui se passe sur le plan ontologique se répercute sur le plan logique et vice versa[7] ». Le générique de la série télévisée anglaise montre bien cette collaboration entre les différents niveaux: le miroir noir est une surface fragile et coupante qu'il vaut mieux survoler. Cependant, trouver la clé interprétative de l'imaginaire de *Black Mirror* n'implique pas forcément d'établir des analogies directes avec le quotidien, mais plutôt d'explorer au plus près le principe du glissement de sens: en glissant sur des écrans que nous vivons d'ordinaire d'autres façons.

Dévorés vivants, de *The Big Swallow* au *Vore*

La condition dystopique qui innerve *Black Mirror* tout comme le roman de Carroll, *De l'autre côté du miroir*, est

7. E. Palumbo, « La Alice di Deleuze: estetica di simulacri e logica dei paradossi ».

exprimée d'emblée par le support médiologique mentionné dans le titre des deux œuvres. Le terme choisi par Carroll, *looking-glass*, plus rare que *mirror*, a aussi des connotations plus littéraires et précieuses. En outre, lorsqu'il est utilisé comme adjectif, il indique qu'il est ou implique, dit le dictionnaire, l'« opposé de ce qui est normal ou de ce à quoi l'on s'attend ». *The Looking-Glass House* est une maison réfléchissante, où tout se reflète en engendrant des phénomènes inattendus et où chaque objet se révèle comme son opposé ; il n'est donc pas question ici d'un simple miroir, mais d'un dispositif réfléchissant qui produit des analogues inversés. Cependant, lorsque le roman a été traduit, le terme d'origine a été rendu par les équivalents étrangers du substantif *mirror*, si bien que le titre a perdu ce sens de reflet opposé voulu par l'auteur : *De l'autre côté du miroir*, *Alice dentro lo specchio*, *Alice hinter den Spiegeln*, *Alice a traves del espejo*.

Un effet fort similaire se produit dans le glissement de sens opéré par le syntagme *black mirror* : dès le début, on est naturellement porté à imaginer que *mirror* renvoie sans équivoque à un écran et non à un miroir, ce qui influe sur les multiples inférences possibles ; or, c'est dans la noirceur de l'écran éteint — et seulement alors — que celles-ci se font miroir. Un miroir incertain où le sens est obtus[8]. « Ce que ça signifie à mon sens, dit Charlie Brooker, c'est que, quand un écran est éteint, il ressemble à un miroir noir… et il a quelque chose de froid et de terrifiant… J'aime assez le fait que les gens le regardent sur leur télé ou leur ordi ou leur mobile… et quand le générique commence à défiler et que l'écran devient noir, ils voient leur propre reflet[9]. »

8. R. Barthes, *L'obvie et l'obtus*.

9. C. Brooker, *Creator Charlie Brooker explains Black Mirror White Christmas*.

Si déroutante fût-elle dans sa banalité, on ne peut que partir de la situation imaginée par Brooker lorsqu'il assimile le spectateur reflété par l'écran où il vient de finir de s'« alimenter d'images[10] » au premier moteur des histoires créées par son produit télévisuel. Tout commencerait par les multiples sens issus de cet « obscur reflet ». Ce que Mark Fisher écrit au sujet de ce concept baudrillardien et gibsonien dans un ouvrage de 1999, bien avant la série anglaise, revêt un intérêt particulier dans cette perspective : « Mais alors qu'est-ce que le miroir noir nous montre, si ce n'est nos propres reflets ? En partie, le miroir noir est une autre image du blackout du cyberspace — le "vide neuro-électronique" catatonique [...]. Mais le miroir noir est aussi une image du cyberespace lui-même[11]. »

Selon la vision de Fisher, le miroir noir, dont le sens métaphorique est pauvre, se gorge de significations si on l'entend comme *image-simulacre* de ce que la fin du siècle dernier a nommé réalité virtuelle (ou cyberspace, engendrant des confusions épistémologiques encore vivaces aujourd'hui). Une scène charnière illustrant ces considérations est celle où Max Renn, à la fin de *Vidéodrome*, de David Cronenberg, tente de se cacher

10. Paul Valéry préfigure l'avènement de la culture électronique en imaginant une ville habitée d'images, comme s'il s'agissait de biens de consommation primaires : « Comme l'eau, comme le gaz, comme le courant électrique viennent de loin, dans nos demeures, répondre à nos besoins moyennant un effort quasi nul, ainsi serons-nous alimentés d'images visuelles ou auditives, naissant et s'évanouissant au moindre geste, presque un signe » (cité dans W. Benjamin, *L'œuvre d'art à l'époque de sa reproductibilité technique*, p. 12).

11. M. Fisher, *Flatline Constructs*, p. 142. C'est à un échange enrichissant avec Michele Di Stasi que je dois la connaissance de ce texte — la thèse de doctorat de Mark Fisher — télédéposé par son auteur en 1999 mais non daté.

pour échapper au dispositif qui menace sa vie : il est persuadé (ou plutôt il a l'espoir, peut-être) que les effets cancérigènes sont le fruit de la proximité et de l'exposition du corps au Vidéodrome. Or ce n'est qu'une illusion, il ne peut pas leur échapper : « Le vidéodrome existe toujours, il est très grand, très complexe. » Ce n'est pas en fuyant l'appareil cathodique qu'on peut conjurer les radiations. Pour ce faire, il faut passer à la phase suivante, qui prévoit l'abandon de l'ancienne chair et l'accueil de la nouvelle : « Longue vie à la nouvelle chair ! », s'exclame Max avant de se tirer une balle de sa main-pistolet, l'hybride postorganique provoqué par l'exposition au programme.

De même, nul besoin d'être en ligne, connecté aux réseaux sociaux, pour alimenter la vie électronique : celle-ci est active malgré nous, même lorsque l'écran est éteint et que sa surface renvoie un sombre reflet. Ce qui se produit (tags, commentaires, demandes d'amitié, messages, souvenirs proposés par Facebook) est indépendant de notre présence synchrone : notre profil, le pendant de notre personne, vit au-delà du moment de la connexion, et le miroir noir réitère ce même avertissement qui parvient à Max Renn dans son dernier refuge : il est l'interstice obscur qui suggère le passage à la nouvelle chair. Peut-être celle-ci est-elle un portail informatique à miroir ?

La viscosité du couplage entre la chair et les instruments qui l'entourent a été racontée de façon variée par le cinéma et la littérature de science-fiction : dans l'univers de Cronenberg, nous avons évoqué la main innervée de pièces métalliques qui se fond avec un pistolet ; à l'inverse, toujours dans *Vidéodrome*, l'écran de télévision abandonne sa nature bidimensionnelle et se gonfle en excroissance charnelle et même sensuelle qui murmure à Max Renn : « Viens avec moi… viens avec Nicky », avant de l'avaler comme dans une vidéo porno de la catégorie Vore[12].

La recherche de l'archétype de cette vision puissante, pertinent dans le cadre d'une telle analyse, réserve une surprise : il date en effet de 1901, quand le réalisateur anglais James Williamson (de l'école pionnière de Brighton, qu'on ne saurait jamais assez mettre en lumière) créa ce chef-d'œuvre du cinéma des origines intitulé *The Big Swallow*, la première réflexion médiologique, par le biais du dispositif filmique, sur la coïncidence entre les plans ontologique et logique.

Dans ce film d'une minute, Williamson a utilisé un montage métanarratif d'avant-garde qui culmine dans le gros plan qualifié à l'époque de *magnificent view* en raison des possibilités qu'il offrait d'agrandir la réalité grâce à des zooms sans précédent. Le protagoniste est un flâneur élégant qui découvre qu'il est filmé dans

---

12. Le genre Vore (de Vorarephilie) implique entre autres des femmes de très grande taille qui dévorent des êtres minuscules : cette niche voit plusieurs fétichismes à l'œuvre, principalement l'association de la catégorie des géantes et des hommes disproportionnellement petits. Cette paraphilie sexuelle aux origines obscures prévoit le désir, surtout masculin, de voir des scènes où des hommes sont engloutis par des femmes plus âgées qu'eux, aspirés par les principaux orifices du corps, de la bouche à l'anus. L'aspect technique est très intéressant, car ce sont les contre-plongées, les zooms et les *greenscreens* qui créent ce genre de disproportion. Le genre a été traité à maintes reprises au cinéma, avant même qu'il devienne une catégorie de porno en ligne, de *The Big Swallow* (1901) et *Vidéodrome* (1982) jusqu'aux rares images présentes dans une scène de *Hable con ella* de Pedro Almodovar en 2002, où l'infirmier est obsédé par un vieux film dans lequel un homme est aspiré par un vagin gigantesque, comme dans la grande sculpture de Niki de Saint Phalle et Jean Tinguely choisie par Q. Fiore et M. McLuhan pour *The Medium is the Massage*. Voir à ce sujet M. Griffiths, « Eaten to death : A beginner's guide to vorarephilia » ; M. Hay, « Inside the often-sexless world of giantess porn ».

la rue, ce qui provoque sa colère : il brandit sa canne et ôte son pince-nez tout en protestant, puis s'approche dangereusement de l'objectif, au point d'occuper tout le champ de vision, lequel se concentre sur sa bouche, qui s'ouvre en grand, tel un trou. La caméra et l'opérateur sont engloutis par celle-ci et l'écran devient noir. La scène suivante a quelque chose d'inattendu : le détail de la mastication satisfaite du passant émerge du noir, puis la caméra recule et passe du très gros plan à un plan poitrine de l'homme, qui éclate grossièrement de rire. Le spectateur doit admettre qu'il se trouve devant un enchevêtrement de regards médiatiques : si le problème du passant irrité par ce qu'on pourrait définir comme un « viol de la vie privée » avant la lettre se résout dans le régime scopique de la narration proto-horreur-SF, en parfait style Cronenberg, puisque l'indiscret est éliminé par un acte cannibale, ça n'a pas lieu en dehors de la dimension spatiotemporelle du film. Techniquement parlant, une fois l'opérateur avalé par la bouche béante, il faut, pour que le spectateur puisse profiter de la dernière scène, qu'un autre opérateur enregistre ce meurtre bizarre. Il se peut, du reste, qu'il connaisse le même sort que son collègue envahissant, et ainsi de suite à l'infini.

Les expérimentations techniques du cinéma des origines montrent de manière évidente que les effets médiologiques ont exercé d'emblée, dès la naissance du médium, leur contrainte (et séduction) sur le corps enregistré, sur la perte de la *privacy*, sur la surveillance. Qu'il y a, autrement dit, une coïncidence entre la reproductibilité technique du sujet et la crise de son autonomie.

L'écran noir avalant l'opérateur — c'est ce que relate métaphoriquement l'histoire de Serafino Gubbio dans *On tourne* de Luigi Pirandello, cité à son tour par

Walter Benjamin pour des questions théoriques analogues[13] — indique la condition archétypale qui engendre le Black Mirror. Le gentleman anglais de 1901, animé par une volonté de contrôle de son image, lègue au flâneur des différents épisodes de la série la tâche d'appréhender les effets produits par l'abandon au médium. En 1982, Max Renn, séduit par le médium télévisuel, a perdu toute réticence et ouvre la voie en cherchant à se faufiler, par une fissure à la surface du poste de télévision, entre les lèvres-écran saillantes de Nicky qui l'appellent, attirantes, tandis que la caméra, dans le petit film de Williamson, devait être dévorée pour briser le lien de dépendance. Le fait est que dans les deux cas (comme dans *Black Mirror*), il ne suffit pas de s'approprier les médias, de les fuir ou de les détruire. Ils persistent indépendamment de leur simulacre physique.

Comment se déroulera la vie de Liam (*Retour sur image*) après qu'il a arraché sa puce (*grain*) ? Retournera-t-il à la condition désirée dans *Du soleil plein la tête* de Michel Gondry, qui permet d'oublier les affres amoureuses ? Ou ses souvenirs, bien qu'effacés, demeureront-ils au contraire en lui sous forme de signes (et de rêves[14]) traumatiques indélébiles ?

Quand David Cronenberg signe *eXistenZ*, en 1999, il reste attaché à l'idée d'un couplage doux entre organique et machinique, si bien que le *gamepod* vidéoludique créé par Allegra est une synthèse de viscères animaux, vivants et pulsants, un rappel des morceaux de viande qui giclent du poste de télévision à la fin de *Vidéodrome*.

---

13. W. Benjamin, *L'œuvre d'art à l'époque de sa reproductibilité technique*, p. 53-55.

14. Nous renvoyons à *La chasse* et aux spéculations de la série télé *Westworld* (depuis 2016) sur ces thèmes.

Mais depuis *Metropolis*, la fusion entre corps et métal est le fruit d'une lutte technologique : pensons au bras mécanique de Rotwang (le scientifique créateur du robot Futura dans le film de Lang), qui se présente comme l'envers de la main-cyborg de *Tetsuo*, de Shin'ya Tsukamoto, où l'on assiste à une invasion de fer, de câbles, de tuyaux et de boulons qui décomposent le bras, les veines et la main elle-même.

À partir de l'imaginaire du *body-horror*, genre auquel se rattachent tant Tsukamoto que Cronenberg, on a pratiqué à la fin du siècle dernier des sutures cinématographiques à la blessure ouverte du ventre de Max Renn, qui, s'entrouvrant tel un stigmate, accueille la cassette pour engendrer la vidéo-parole : « Désormais, que personne ne me tracasse ; car moi, je porte sur mon corps les marques de Jésus », comme l'écrit Paul aux Galates dans ces chapitres destinés à montrer la libération apportée par la pensée et la vie du Christ.

Le cyborg que constitue la main de Max Renn diffère sensiblement de la représentation du corps dans *Terminator* et *RoboCop*, qui déclinent d'une autre façon la distinction entre peau et métal : dans le premier, le corps métallique émerge douloureusement sous le corps organique, mais celui-ci n'est qu'une interface imitant l'humain, tandis que la séparation est nette dans le second, des jointures sur le front maintiennent ensemble les parties et le visage renvoie à celui du policier disparu. Dans *Vidéodrome*, en revanche, « précisément parce que Max Renn semble échapper aux catégories habituelles du cyborg », il est utile et médiologiquement suggestif de « le définir comme cyborg médiatique ou cyborg du code[15] ». En effet, le rapport entre chair et métal dans la

15. A. Caronia, *Il cyborg*, p. 81.

mutation du personnage est réarticulé par la suite, lors de l'arrivée du médium télévisuel et de ses signaux, qui rendent plus complexe ce qui n'était qu'une forme de greffe. Le cyborg analysé par Sadie Plant dans son étude sur le *merging* met lui aussi en évidence la prépondérance d'une interface chimique et pharmacologique, qui a pénétré en douceur dans le système corporel, où elle se dissout et se dissémine, brouillant la frontière entre organique et inorganique[16]. La fonction Black Mirror vient justement compléter cette idée de dépassement d'une telle frontière (et du besoin de l'établir, cette obsession occidentale).

L'œuvre engendrée par Brooker, dans son intégralité, commence précisément après la proclamation à la fois solennelle et déstabilisante à laquelle Max cède malgré lui, qui concerne la nécessité de tuer l'*ancienne chair* pour devenir la *nouvelle*. La série télévisée, dans ses saisons et épisodes, des plus accessibles aux plus confidentiels, se constitue en tant que récit des multiples plans de ce *devenir*.

Alors que les médias, une fois éteints, semblent suspendre les activités qui les animent, permettant à nos visages de s'y refléter sans pour autant être happés dans une chaîne de notifications et de connexions, le Vidéodrome persiste en vérité dans son inlassable activité de *devenir*. En fouillant parmi nos images, en commentant une ancienne réponse, en nous envoyant avec insistance des messages qui réclament notre présence, en visualisant notre absence grâce à la dernière connexion enregistrée, les Autres — les habitants de l'autre côté du miroir — nous citent par le biais de tags, de hashtags, de

16. S. Plant, « Tecnologie morbide per macchine morbide : l'interfaccia chimica ».

cœurs, d'emojis, et nous convoquent en ligne selon un mouvement paradoxal qui nous ramène à la (nouvelle) réalité, comme réveillés de la torpeur dans laquelle la vie déconnectée plonge nos membres.

C'est un appel primordial à l'immersion dans le mouvement du *logos*, tel que Martin Heidegger l'entend dans sa nature apophantique : « Est *apophantikos* le *logos* dont la possibilité de marquer dans le discours consiste à faire voir, et qui, en fonction de l'articulation de son discours, peut faire que quelque chose apparaisse ; en bref : *apophansis*, énonciation[17]. » C'est dans ce mouvement qu'a lieu la découverte de l'être, et c'est là que la nature du *logos* peut être considérée comme apophantique, quand, en révélant, elle indique la « vérité » de la chose. Dans la communication qui passe par les dispositifs électroniques, chacun de nous attend d'être découvert lorsque le signal nous indique que quelque chose ou quelqu'un tente d'entrer en contact avec nous : la nature même de ce contact avec autrui nécessite l'ouverture d'une information qui, effleurée, cliquée, balayée (*swiped on*), se montre à nous, révélant son apparition : « À cet être-découvert, c'est-à-dire non caché, de l'être, nous donnons le nom de vérité[18]. »

Pour le philosophe allemand, lorsqu'il thématise le *logos*, il s'agit d'un comportement et d'une attitude : à l'instant précis où le signal du *logos* se manifeste sur nos dispositifs, un frisson nous ramène en nous, activant la chair électronique dont nous sommes faits. Ainsi caressons-nous l'écran noir, qui s'allume et lance la communication.

17. M. Heidegger, *Logik. Die Frage nach der Warheit*, p. 84.
18. *Ibid.*, p. 7.

Les corps qui traversent l'écran noir et ce qu'ils trouvent de l'autre côté : le Blackdrome

Le corps des acteurs et celui des spectateurs, une fois exposés au miroir noir, ne seront plus jamais les mêmes.

> En vérité, tu n'es qu'une chose, je n'arrive pas à croire que je suis tombé amoureux de toi. Tu sais ce qui m'a sauvé ?
>
> Je me suis rendu compte que ça n'avait rien à voir avec toi.
>
> Tu ne m'as pas fait m'intéresser à toi, tu m'as fait m'intéresser à moi.
>
> En fait, tu n'es même pas une chose. Tu es un reflet.
>
> Tu sais qui aime regarder son propre reflet ? Tout le monde (*Westworld*, *Réunion*).

Les existences qui ont précédé le reflet dans ce miroir appartiennent à un temps et à un espace dont elles ne font plus partie. C'est au cœur de cette apparente aporie que se développe la dystopie de *Black Mirror*, d'une part en se faisant le théâtre de ce que nous sommes — les jalousies de couple corroborées par le contrôle de la chronologie des conversations, la peur de ne pas savoir faire face à la perte de l'être aimé, la honte de la diffamation qui échappe à notre contrôle — et d'autre part en montrant ce que nous ne serons plus. Le point sur lequel le récit des diverses saisons achoppe de façon répétée est la question de la dissipation de l'humanité : puisque l'humain se fond de manière irréversible dans le paradigme évolutif de l'intelligence artificielle, que reste-t-il de l'individu ?

Dans toutes les saisons de *Black Mirror* et dans l'épisode dit « de Noël » (*Blanc comme neige*), il est possible de suivre des isotopes mettant en relation le corps avec plusieurs aspects du quotidien, tensions sociétales et qualités anthropiques.

Dès la première saison, la série britannique a exploré les multiples déclinaisons de la corporéité. Grâce à la puissance de l'imaginaire projeté vers le futur proche, celles-ci ont déclenché un dispositif de réalités plausibles qui portent sur la représentation et la perception du corps de l'acteur, contaminant aussi, parfois, le corps du spectateur, bien au-delà du mécanisme de l'identification. Le caractère exceptionnel de ce produit audiovisuel, en d'autres termes, réside dans le fait qu'il a physiquement occupé — par le biais de stratégies de marketing non conventionnelles et d'une communication qui flirte à l'occasion avec le non-correct, on le verra — le tissu urbain et ses réseaux numériques, pénétrant et fouillant dans l'intimité des spectateurs, éveillant en eux des craintes ou des préoccupations concrètes quant à l'intégrité de leur vie privée.

La colère du personnage de *The Big Swallow* a des allures d'avertissement surgi du passé.

Il est plus qu'évident que l'urgence narrative — de même que l'obsession de Brooker — va au-delà de la sérialité télévisuelle, débordant en maints lieux de la toile et interpellant les peurs réelles des individus, jusqu'à la réalisation d'un film interactif qui n'épuise pas d'infinis parcours à venir : le besoin est flagrant de démontrer que *Black Mirror* est déjà parmi nous et puise dans des fragments d'histoires quotidiennes bien que teintées d'une tonalité plus sombre, irrémédiable. Une osmose singulière entre fiction et public, entre faits vécus par les personnages et événements globaux, a souvent été orchestrée par Netflix — le producteur de la série à partir de la troisième saison — à travers des campagnes marketing inhabituelles en divers points de la planète, consolidant une perméabilité entre les plurivers, ceux des épisodes et ceux tirés de différents niveaux de réalité (JT, publicités, *teasers* dans la rue et en ligne...) ; la quintessence de cette modalité mêlant réalités et mondes virtuels est l'adoption de l'*upside down* et d'un imaginaire rétro dans *Stranger Things*[19] pour communiquer l'arrivée des nouvelles saisons.

Pensons aux affiches de soutien de la Gay Pride 2018 dans le métro milanais, qui représentaient entre autres Yorkie et Kelly, le couple lesbien de *San Junipero*, flanquées du *claim* provocant : « Elles n'existent pas. » Le syntagme, qui reprenait la déclaration de Lorenzo Fontana, le ministre italien de la Famille (du 10 juillet au 5 septembre 2019) selon lequel les familles arc-en-ciel n'existaient pas, insinuait l'idée que les deux jeunes femmes, en tant que personnages de fiction, puisqu'elles n'existent pas dans la réalité, reflétaient de fait un imaginaire sociétal réel.

Au début de l'année 2018, avec un effet plus sinistre, Netflix avait acheté tous les espaces publicitaires disponibles sur les murs de l'arrêt Old Station à Londres-Shoreditch, alarmant les passants qui y transitaient au moyen d'affiches destinées aux usagers d'un bloqueur de publicité : « Bonjour, usager d'un bloqueur de publicité. Vous ne pouvez pas voir la pub. Mais la pub peut vous voir. Qu'est-ce qui se trouve de l'autre côté de votre miroir noir ? » De plus, le long des couloirs et des escaliers

19. La célèbre série télé qui célèbre les années quatre-vingt en mettant en scène une batterie d'objets devenus culte ; pensons à la campagne publicitaire pour la sortie estivale de la troisième saison (2019), avec le chien rose Uan, un personnage télévisuel du passé de la chaîne Italia1, cher au jeune public de l'époque (les spectateurs privilégiés de *Stranger Things*), qui se présente dans un décor rétro mêlant les fétiches de la série TV (tel le portrait de Eleven) et la nostalgie envers le format pour jeunes spectateurs.

roulants, on pouvait lire les phrases « Le pire est à venir », « Une attraction muséale qui permet aux visiteurs de torturer les prisonniers » et « Bienvenue dans le futur », surmontées du miroir cassé et de fissures composant un rictus souriant de film d'horreur.

Remontons encore le temps : en février 2017, l'annonce des *13 jours de Black Mirror* — pour indiquer 13 mini-épisodes, plus exactement des événements censés se produire avant le lancement de la troisième saison — a eu une portée symbolique tout aussi marquante. Le plus efficace et le plus effrayant concernait la Turquie, où des milliers d'internautes ont reçu la nuit sur leurs appareils ce message d'un expéditeur nommé « iamwaldo » (une référence claire à l'épisode *The Waldo Moment*, *Le show de Waldo*) : « Nous savons ce que vous fabriquez. Regardez, et vous verrez ce que nous ferons. » Âprement critiquée et jugée éhontée et offensante, cette action marketing d'abord prise pour un troll a été identifiée par Gizmodo comme provenant de Netflix : pour promouvoir la nouvelle saison de la série, l'entreprise a utilisé la plateforme Eksi Sozluk, d'où elle a envoyé des messages terrifiants qui infiltraient les systèmes ramifiés de surveillance[20]. Bien conçue par des créatifs sans scrupules qui ont choisi de faire levier sur les tensions nationales causées par la politique autoritaire d'Erdogan en matière de répression de la liberté de pensée et de presse, la vision (émanant de *Black Mirror*) d'un présent de plus en plus intrusif, surveillé et contrôlé, a fait mouche, traversant l'espace mou des écrans éteints des gens ordinaires, s'y introduisant sans mal et générant peur et angoisse.

20. Pour le débat passionné en turc et en anglais le lendemain de cette campagne virale et discutable, voir « Black Mirror dystopia turned into more reality than fiction », en ligne.

Sans défense, passifs, abandonnés depuis longtemps à cette perméation, nous assistons, en tant que spectateurs et qu'utilisateurs, à l'enchaînement d'histoires qui font l'aller-retour entre des événements vécus et des intrigues écrites et produites. Dans cet esprit générateur de chaos, Netflix avait déjà réalisé en 2016 un *meta-trailer* ou une publicité *fake*, laquelle, observée d'un point de vue médiologique, s'était révélée particulièrement captieuse: sous prétexte de faire la promotion de prétendues lunettes pour VR appelées Netflix Vista et censées permettre de voir, comme dans *Retour sur image*, tout ce que la plateforme offrait en tout lieu et à tout moment en bougeant simplement la tête vers la droite ou la gauche, l'entreprise californienne lançait sa nouvelle saison. Les nouvelles du monde de la politique américaine et internationale de l'année écoulée, passées en revue dans un *cut-up* de clips allant de l'actualité aux *news* sur l'informatique et la robotique, étaient habilement montées, dans un souci poussé de cohérence, avec des extraits d'épisodes passés et en préparation. Une farandole dérangeante, où l'on distinguait de moins en moins le décalage entre la série TV et l'*infotainment*.

Par ailleurs, dans un renversement issu de la convergence médiatique[21], au lendemain de l'élection de Donald Trump, un mème («Les créateurs de *Black Mirror* confirment que l'élection américaine n'est pas un épisode de *Black Mirror*») a repris le tweet de la production: «Ce n'est pas un épisode. Ce n'est pas du marketing. C'est la réalité.» Les plus fétichistes de l'univers de Cronenberg ont sans doute cru entendre la voix de O'Blivion.

Pour finir, un autre effet du Black Mirror sur la vie individuelle mérite d'être mentionné: Will Poulter

21. H. Jenkins, *La culture de la convergence*, *op. cit.*

(qui incarne Colin Ritman, le visionnaire dickien de *Bandersnatch*) s'est désinscrit de Twitter pour préserver sa « santé mentale » après les remarques désobligeantes sur sa laideur dans l'épisode interactif. Bien que gratifié par le succès obtenu, l'acteur n'a pas supporté les commentaires de *haters* et de trolls[22]. Particulièrement sensible aux thématiques de l'intimidation et actif sur des plateformes telle AntiBullyingPro, il a publié, quelques jours après la sortie du film dont il était covedette (en janvier 2019), une déclaration qui semblait tout droit sortie de l'« inventaire des effets » — pour le dire avec McLuhan et Fiore — inhérents à la machine *Black Mirror* : « Comme nous le savons tous, notre engagement dans les médias sociaux doit trouver un équilibre. Il y a des effets positifs et plaisants, et des effets négatifs inévitables mais qu'il vaudrait mieux éviter. C'est un équilibre que je m'efforce d'atteindre depuis un certain temps déjà et, dans l'intérêt de ma santé mentale, je sens que le temps est venu de changer de relation avec les médias sociaux. »

La mention de sa santé mentale semble un écho de la voix de Colin, qui, contrairement à Stefan, prend très à cœur son prétendu équilibre psychophysique. Un effet du miroir noir s'actualise dans ce va-et-vient entre le film interactif sur Netflix et la vie électronique de l'acteur sur Twitter. Bien que Will ait tenté d'égayer son message d'adieu au réseau social au moyen d'une boutade, « Ce n'est pas la fin. Considérez ça comme un chemin alternatif », suivie de l'émoticône souriant avec des lunettes de soleil, emblème de *coolness*, la puissance et le pouvoir du *Blackdrome* sont cependant évidents ; ne parvenant pas à relativiser le Réel, Will choisit de coïncider avec la réalité de Colin.

22. Voici comment il a réclamé que sa caricature en ligne soit supprimée : « Stop sending me this shit. »

Le retour de Rachel[23] : le corps-mémoire ou de la possible trahison

Victimes potentielles de trolls, proies de recherches menées par des entreprises sans scrupules, compagnons de partenaires libertins ou jaloux : tous ont tremblé un tant soit peu à l'idée que ce qu'ils venaient de voir à l'écran puisse se produire ou ait déjà eu irrémédiablement lieu dans leur vie privée. Ainsi s'explique le besoin soudain, masqué sous une fausse nonchalance, de faire défiler le contenu d'un smartphone, de vérifier du coin de l'œil voire d'effacer en hâte les messages, les images et les fils de conversations qui y sont mémorisés, de même que Liam (*Retour sur image*) découvre la terrible vérité sur sa vie privée en consultant les photographies stockées dans le dispositif de Fiona. La condition représentée dans cet épisode, à peine futuriste, est tout à fait plausible : il installe en effet une inquiétante continuité, plutôt un glissement, entre les événements qui se déroulent sur l'écran de l'appareil transmettant la série (ordinateur portable, PDA ou mobile) et l'environnement transmédia qui enveloppe le spectateur, lui-même équipé de ses propres dispositifs en mode *always on*, dont les caractéristiques d'archivage — bien que reposant sur des technologies et des systèmes différents — comportent les mêmes potentialités de révélation d'aspects vécus dans son intimité et déposés parmi ses souvenirs.

Avec l'ère électrique puis électronique, le souvenir et la mémoire ont subi de profondes mutations, dont

---

23. Nous faisons référence à l'androïde de *Blade Runner* (1982) et à son retour en tant que copie de la copie dans *Blade Runner 2049*, le film de Denis Villeneuve de 2017.

les dérives sont encore inconnues. Si la photographie a appris à l'individu moderne à constituer sa propre identité et à se rappeler sur le vif le temps passé en comblant l'absence et en convoquant la présence grâce aux clichés conservés dans les albums de famille, c'est surtout à partir de ce système modélisant de l'humain, le langage photographique, que la modernité et ses valeurs ont commencé à vaciller. La photographie, qui était le témoin de la réalité, s'est mise à la forger irréversiblement selon le bon vouloir du photographe, à s'y substituer : les souvenirs photographiques peuvent être faux, manipulés, compromis, tels ceux insérés dans la mémoire artificielle des androïdes de *Blade Runner*, ces authentiques nostalgiques d'un passé jamais vécu, mais qui constitue de fait leur passé. « La photographie préserve le moment de la disparition, et donc la fascination du réel comme d'une vie antérieure[24]. »

Les spectateurs du sequel *Blade Runner 2049* ont tressailli — comme lorsqu'on retrouve une image perdue ou découvre un souvenir enfoui — en voyant apparaître, hautaine et mélancolique, noble et élégante, la silhouette de l'androïde Rachel, qu'ils avaient quittée, vêtue du même tailleur moulant et sombre, dans les deux finales de *Blade Runner* de Ridley Scott : engendrant une spirale mnésique, elle s'offre à nouveau à leurs regards, déplacée dans un pli spatiotemporel qui la rend fétiche pour le personnage Rick Deckard, lequel l'effleure, incrédule, mais aussi dans les souvenirs des spectateurs. Sa démarche et ce que son apparition met en mouvement sont de la même nature que l'effet Black Mirror, chaque fois que nous faisons connaissance avec la copie du simulacre d'une chose absente, en nous exaltant de l'avènement

24. J. Baudrillard, *Le crime parfait*, p. 128.

d'une trace humaine dans ce qui, en première instance, faisait déjà abstraction de l'humain.

> Rachel — Je t'ai manqué ?… Tu ne m'aimes plus ?
> Deckard (se tournant vers son créateur) — Elle avait les yeux verts !

Rachel est tuée d'un coup, inutile copie d'une copie, le Black Mirror où flottait son entité nous effraie, car il fragilise notre rapport avec l'enregistrement d'autrui, nous expose, malgré nous, au mensonge, à la contrefaçon, à la trahison que nous mettons en acte et que nous subissons.

Livrés à l'envoûtement de notre corps enregistré, reflété dans un miroir noir ou dans la voix d'Alexa qui nous transmet les messages de personnes absentes en nous souhaitant bonjour ou bonne nuit, c'est dans ces interstices que nous sommes saisis par le vertige des signes et des données, qui marquent une prise de distance, de plus en plus intégrée à notre quotidien, vis-à-vis de l'humain. Les algorithmes et les codes répondant aux principes exécrables de la « datacratie[25] » déclenchent aussi des spirales d'incertitude magnifiées par l'épouvantail de la vie privée, qui est désormais devenue un hyperobjet[26] indéchiffrable. Incapables d'appréhender concrètement les répercussions financières et commerciales de la cession de nos données les plus intimes — et y ayant donc renoncé — nous déversons dans notre vie privée une anxiété qui est le fruit de la panique orchestrée par les médias au sujet des *leaks* (pertes et fuites de données personnelles). C'est là que se concentrent actuellement

25. D. de Kerckhove, « Datacrazia : come cambia la società ».
26. T. Morton, *Hyperobjets : Philosophie et écologie après la fin du monde.*

toutes nos compétences de limiers électroniques, qui ont mûri au cours d'une décennie d'existence *always on.*

En contrôlant les horaires d'accès, en zoomant dans les images postées par d'autres, en vérifiant l'explication de divers aspects de la personnalité — désormais un objet d'étude obsessionnel de plusieurs réseaux sociaux —, enfin en comparant les attitudes et les détails qui ont émergé, par jalousie, envie, peur ou simple curiosité morbide alimentée par la possibilité qu'offrent les logiciels de scander son propre temps et celui d'autrui, il arrive qu'on habite la vie des autres, selon des prérogatives médiologiques qui ne sont pas très éloignées du film homonyme de Florian Henckel von Donnersmarck, *Das Leben der Anderen.*

Se passionner pour les vies des autres, c'est tomber dans le piège de Liam.

Les innombrables activités menées en ligne à tout moment semblent avoir pour fonction de nous ramener en arrière dans le temps, qui s'écoule pourtant rapidement entre les posts, les *breaking news* et les flirts avec plusieurs personnes à la fois dans des tchats. L'aube du nouveau millénaire nous suggérait déjà d'habiter la vitesse[27], et les pratiques quotidiennes des internautes, ainsi que les grandes manœuvres de la finance mondiale, instituaient de façon de plus en plus irréversible une rapidité d'information et de communication sans commune mesure avec celle des corps. Tel est le paradoxe de *Faux mouvement* de Wim Wenders, où la vitesse augmente sans que le protagoniste parvienne à accélérer son tempo intérieur.

27. Paul Virilio avait observé ce phénomène dès 1977 dans son célèbre ouvrage *Vitesse et politique*, où il invitait son lecteur à ne pas succomber au mythe de la vitesse en embrassant ce qu'on qualifie désormais d'accélérationnisme. Voir à ce sujet N. Land, *Fanged Noumena.*

Le corps-mémoire, intimement connecté au corps-enregistré, vit dans un temps de plus en plus pauvre en mémoire mais submergé par les souvenirs. Liam et Fiona (*Retour sur image*) en sont les exemples les plus tragiques, victimes de la rapidité avec laquelle ils accèdent à un passé présumé personnel mais qui appartient désormais à n'importe qui. On n'a même pas le temps, au cours de cet épisode mémorable, de s'interroger sur ce besoin d'avoir tous ces souvenirs à portée de main. Est-il si nécessaire d'archiver l'événement unique ? À l'ère de la réplicabilité, l'*Ereignis* heideggérien perd sa puissance événementielle, qui se renouvelle à chaque souvenir spontané et devient, avec les pratiques d'enregistrement, une donnée à la portée de tous : elle n'appartient plus à celui qui l'a vécue, et tous ceux qui la voient peuvent la revivre.

Le souvenir n'en est plus un, et la mémoire, désormais externe, nous échappe, déplacée vers un dispositif, activée par le *re-do* de la puce. C'est une fonction comme une autre, mais extérieure à notre corps, comme le prévoyait déjà le dispositif photographique des origines.

Lucy Tollgate — Liam, tu faisais quoi, déjà, une estimation ?

Liam — Une évaluation.

L. T. — Ça s'est bien passé ?

L. — Oui, bien. En fait, ça a été une catastrophe, mais tu sais… je ne sais pas.

Colleen — Difficile de savoir ?

L. — Oui.

Jeff — Voyons-la. On n'a qu'à la repasser. On évaluera l'évaluation.

L. — C'est ça, super.

J. — Balance ça, et on t'évaluera. Allez !

L. T. — Ça pourrait être drôle, on pourrait, euh, voter ! Paul ?

Paul — Oui ?
J. — Je travaille dans le recrutement, ça pourrait t'être très utile.
L. — Bon, d'accord.
L. T. — Liam repasse son évaluation pour qu'on puisse lui donner des notes !
Colleen — Des notes ?
J. — Des conseils, quoi.
Fiona– Je crois que Liam voudrait…
L. — Oui, vous savez quoi, les gars…
Jonas — Non, allez, sérieux, ce n'est pas sympa, je veux dire, ça se voit que Liam est mal à l'aise, alors on laisse tomber ça, hein ? Détends-toi ? (*Retour sur image*).

Ce qui est ici annoncé, c'est un état de surveillance intégrale : le *grain* dont les personnages sont équipés coïncide avec leurs souvenirs. Il s'agit entre autres d'un dispositif de sécurité, utilisé aux portes d'un aéroport pour vérifier que la mémoire des passagers se dirigeant vers les contrôles ne comporte pas de sauts temporels suspects. Mais c'est aussi une méthode permettant aux couples d'attester leur fidélité réciproque. On a donc affaire d'une part à une dématérialisation du danger, qui est déplacé des objets contenus dans les valises aux bagages des « souvenirs dangereux[28] », d'autre part à une obsession irrépressible du passé. *Black Mirror* met constamment à nu les effets d'un quotidien fondé sur le consentement forcé, d'un présent sur lequel pèse la menace de révélations (*leaks*), de fuites d'informations vraies ou fausses circulant dans le *Deep Web*, un lieu de la Toile obscure où le principe du consentement est banni d'emblée.

Infestés par un passé qui revient sans cesse, menaçant, sur nos écrans d'ordinateurs ou de mobiles, par exemple

28. Titre de l'épisode en italien : *Ricordi pericolosi.*

sous forme de mails et de mèmes dont on n'arrive pas à se débarrasser, comment peut-on concevoir une aurore numérique soustraite à la linéarité de l'histoire ? Pensons à une autre scène aéroportuaire, dans *Chute libre*, où il ne suffit pas de montrer ses souvenirs privés au personnel au sol lors des contrôles : c'est son score de popularité rendu public qui fait que Lacie, la protagoniste, n'est plus habilitée à voyager, comme elle s'en aperçoit en se faisant refouler à l'embarquement d'un vol. D'autre part, le réseau capillaire d'environ six millions de caméras de surveillance (CCTV : *closed circuit television*) en Grande-Bretagne montre clairement que les pays d'Extrême-Orient ne sont pas les seuls à choisir ce genre de contrôle sociétal[29].

Rendez-vous à San Junipero : le corps enregistré

Quand un épisode plus récent traite d'un phénomène déjà abordé dans une saison précédente, il n'est pas rare qu'on puisse identifier des évolutions, des repentirs et des éléments de discontinuité. Un tel dialogisme paraît évident si l'on compare l'hypothèse lancée dans *Bientôt de retour*, consacré aux moyens de faire face à la perte de la personne aimée, avec la perspective opposée, sur la même thématique, adoptée dans *San Junipero* : ces épisodes explorent une possibilité qui s'offre à ceux qui restent, pour le premier, et à ceux qui meurent, pour le second. Délaissons le vide législatif qui entoure le destin des identités électroniques post-mortem pour

29. Voir l'analyse de Derrick de Kerckhove sur Singapour en matière d'évolution technologique de la surveillance subtilement intégrée au tissu social : *Singapore, dalla democrazia alla datacrazia.*

nous concentrer sur le destin du corps dans les circonstances de la perte.

Bientôt de retour se joue sur le fil du pessimisme relatif au dépassement des catégories propres à l'humanisme, souligné par l'ennui que Martha éprouve envers le succédané de Ash[30] — d'abord un simple système d'exploitation, puis un clone physique, c'est-à-dire une *love doll* dotée d'intelligence artificielle —, qui la pousse même à restaurer la douleur de la mort de son compagnon plutôt que de s'hybrider avec un simulacre. Son désarroi face au colis contenant le prototype grandeur nature de Ash rappelle celui que véhiculent les récits des collectionneurs de *love dolls* lorsqu'ils reçoivent chez eux la poupée en silicone si convoitée[31]. Autre point commun, la nécessité de lubrifier l'épiderme de ces créatures et de les nourrir au moyen de gels pour silicone et tissus synthétiques ; cependant, si l'important investissement pathémique sur ces ersatz est satisfait dans le cas des *love dolls* sans intelligence artificielle, les aspirations de Martha envers Ash sont frustrées, car le clone se révèle invraisemblablement prévisible et passif. Par exemple, lorsqu'elle lui ordonne, déçue et exaspérée par son insupportable condescendance, de se jeter du haut d'une falaise, il lui répond — de façon peu probable par rapport à son défunt modèle : « J'ai… j'ai peur… Ma chérie, s'il te plaît, ne m'oblige pas, je n'ai pas envie de mourir. Ce n'est pas juste » (*Bientôt de retour*).

Son absurde prière d'être gracié est si peu convaincante (*It's not fair* !) que Martha est encore plus agacée.

---

30. Son nom, qui signifie en outre « cendre », est aussi celui de l'androïde à l'aspect humain et à la fonction d'antagoniste dans *Alien* (1979), où il tente, lors d'une bagarre violente avec Ellen Ripley, de l'étouffer avec un journal pornographique. C'est lorsqu'il est décapité dans la lutte qu'on découvre qu'il s'agit d'un robot.

31. C. Attimonelli, V. Susca, *Pornoculture*, p. 45-61.

Elle l'épargne mais le gardera en *standby* au grenier. Cet épisode suscite l'anxiété et la prise de distance vis-à-vis de cette modalité de relation — selon le modèle des interfaces techniques — avec autrui et avec les divers degrés d'humanité. Le sentiment de peur est inacceptable pour une intelligence artificielle, conçue pour que la séparation de l'humain soit claire et nette.

Ce n'est pas un hasard si la scène la plus troublante, d'une inquiétante étrangeté, jamais représentée par le cinéma, est fournie par l'affrontement fatal entre Dave et Hal 9000 dans *2001, l'Odyssée de l'espace*, de Stanley Kubrick, quand l'ordinateur de bord, ayant compris que l'homme va l'éliminer en déconnectant ses circuits, le supplie désespérément, « Arrête, Dave, j'ai peur », d'une voix de machine à l'article de la mort, qui n'est ni affaiblie ni entrecoupée comme celle d'un humain dans le même état, mais ralentie, déformée, tels les sons enregistrés sur un magnétophone défectueux.

Fisher distingue deux tensions dans la postmodernité : une « métaphysique de la présence », qui privilégie le discours et la parole, et une « métaphysique du *crackle* », le craquement qui engendre « dyschronie » (le fait de ne pas être en rythme) et « disembodiment » (une sorte de décorporation de l'humain, pulvérisé en particules immatérielles) et qui se fait entendre dans le grain post-spectral de la voix de Hal[32].

32. Par *crackle*, Fisher entend le craquement, c'est-à-dire le son parasite provenant de dispositifs et de supports audiovisuels, qui donnerait une authenticité à un son numérique fortement altéré, restituant ainsi la perception du déjà connu par le biais d'une sophistication complexe qui « rend naturelle l'étrangeté des appareils d'enregistrement ». Voir M. Fisher, « The metaphysics of crackle. Afrofuturism and hauntology ». À cet égard, nous étendons cette « métaphysique du craquement » au personnage de Vanellope, la jeune amie de Ralph dans le film d'animation *Les mondes de Ralph* (2012) : celle-ci, en position antagoniste par

Quant à Yorkie et Kelly, une fois qu'elles ont abandonné leur corps, cette enveloppe en fin de course, elles se laissent en revanche séduire par la promesse d'une vie éternelle, dématérialisée et sans compromis, mais liée à une existence électronique, joyeuse et à bien des égards messianique.

Pour reprendre le titre du volume consacré à l'univers de Philip K. Dick, la « machine de la paranoïa[33] » qui tient les fils de *Black Mirror* se situe dans un espace uchronique, dont la spécificité est la redéfinition incessante du statut corporel des personnages. Le corps, contrôlé et puni, dont la résistance et la performance sont évaluées, dont la mémoire et les facultés sont boostées, dont la survie et la capacité à s'abandonner au plaisir et à l'amour sont mises à l'épreuve, fait l'objet d'épisodes-tests qui scandent, dans un va-et-vient de valeurs postmédiévales[34] et postmodernes, les relations sociétales à l'heure où les humains se comportent comme s'ils étaient déjà posthumains. Nous assistons en effet au déploiement d'une praxis technologique qui accompagne à bien des égards les processus en cours au sein de la société, lesquels progressent par contaminations dans notre quotidien, générant des dérives séduisantes et dissimulant de redoutables conséquences (les appareils de surveillance des enfants en bas âge, désormais indispensables, peuvent par exemple se transformer en système de contrôle total sur leur vie, comme dans *Archange*) ; de même, nous constatons dans plusieurs épisodes la prévalence de formes de résistance face à l'invasion de dispositifs portant atteinte à l'intégrité corporelle.

---

rapport au réalisme capitaliste de l'industrie du *gaming*, a un défaut, un *glitch* qui brouille son image dans le jeu vidéo, la fait papilloter ou disparaître un instant.

33. A. Caronia, D. Gallo, *Philip K. Dick. La macchina della paranoia*.

34. M. Maffesoli, *Notes sur la postmodernité*.

Mikhaïl Bakhtine, à partir des conceptions médiévale et renaissante du corps et de ses limites, estime que l'émergence du corps grotesque dépend de « ses parties, ses endroits où il se dépasse, franchit ses propres limites » lorsque son unité est violée par des événements qui s'effectuent « aux limites du corps et du monde, ou à celles du corps ancien et du nouveau » ; ils se produisent sur les bords, révélant des plis qui deviennent des sillons, des fissures par où pénètrent les circuits et les systèmes d'exploitation, les regards artificiels indiscrets et les mécanismes punitifs. « Le corps grotesque est un corps en mouvement. Il n'est jamais prêt ni achevé : il est toujours en état de construction, de création, lui-même construit un autre corps ; de plus, ce corps absorbe le monde et est absorbé par ce dernier[35]. »

La pulsion vers l'hybridation du corps avec autre chose — telle l'union grotesque puis tragique entre le premier ministre et la truie (*L'hymne national*) — n'est jamais accueillie avec enthousiasme dans *Black Mirror*, écrasée qu'elle est sous le poids de la honte et de cet inévitable sentiment de culpabilité dû à la perte de la centralité de l'humain, dont la relativisation entraîne même des reflux nostalgiques d'un passé qu'il n'est plus possible de restaurer. À partir de l'axe qui voit le corps en relation avec sa fin, son humiliation, son *merging*, on pourrait isoler d'autres trames où est déclinée une corpographie dystopique actuelle, comme le suggèrent nombre de séries télé, entre autres l'angoissante *La servante écarlate* (depuis 2017), dont la saison 2019 a été annoncée par cette funeste affirmation : « The future is a fucking nightmare », *Devs* (2020-), axée sur l'anxiété algorithmique, et l'apocalyptique *Years & Years* (2019-).

35. M. Bakhtine, *L'œuvre de François Rabelais et la culture populaire*, p. 315 et 316.

En somme, hormis les scénarios proposés dans *San Junipero* et *Pendez le DJ*, les pulsions technosociétales des protagonistes des divers épisodes exercent une pression centripète pour que le corps reste là où il a toujours été et abolisse tout élan vers son dépassement. Cet objectif est atteint par le biais de *plots* parfois paradoxaux, par exemple quand sont accueillies, dans nombre d'épisodes, les opportunités offertes par les technologies vouées à dématérialiser la chair, dont les résultats vont cependant dans la direction opposée, avec des épilogues marquées par l'échec et la catastrophe. En effet, l'impression de s'être libéré de l'humain dans les épisodes où dominent cyborgs et technologies radicales n'est proposée que pour mettre en avant le dernier retranchement de l'humanisme et lui prêter voix. L'humain (l'humanisme) semble entre-temps s'être tapi à l'ombre des sens et du désir ; dans *Black Mirror*, il ne se distingue en effet et ne se manifeste que grâce à la représentation de l'attraction érotique entre deux individus, que Brooker limite du reste à deux couples homosexuels (*San Junipero* et *Vipères frappantes*), faisant ainsi triompher l'amour homo-érotique sur les autres.

Tant Yorkie et Kelly qu'Amy et Frank (*Hang the DJ*) manifestent leur nostalgie de l'humain avec des accents mélodramatiques et passent par la désincarnation et la métempsycose assorties de dialogues dramatiques : dans *San Junipero*, les deux amantes ne renoncent pas à l'idée d'habiter l'espace disponible après la mort, la Toile, et s'abandonnent à une histoire d'amour fou. Le couronnement d'une relation impossible est permis par la fuite loin de l'ordre du discours autour du corps socialement accepté, un corps sain et hétéronormé. Elles optent plutôt pour le présent éternel promis et réalisé à San Junipero et à travers ses loisirs — une sorte de temple dionysiaque rappelant à plusieurs reprises le Berghain berlinois. Même la routine hédoniste à laquelle sont destinés les personnages qui y sont relégués est bien accueillie, mais seulement parce que les années quatre-vingt et leur imaginaire sont considérés par Brooker comme l'âge d'or par excellence[36]. Dans le finale romantique sur les notes du tube de l'année 1987, *Heaven is a place on Earth*, de Belinda Carlisle, les deux jeunes femmes élèvent leur rêve d'amour contre les préjugés de genre et filent à bord de la voiture rouge qui rappelle la course énigmatique de *Blade Runner* (1982), quand Deckard, une fois abolie la possibilité d'échapper au destin des androïdes à obsolescence programmée, entrevoit pour Rachel le salut dans la fuite loin du monde humain, bien que cet espoir ne repose sur rien de concret.

Impossible de ne pas penser aussi à la folle équipée filmée par le même Scott pour le finale tragique de *Thelma & Louise*, que Brooker tente en quelque sorte de rectifier grâce à un pli spatiotemporel qui fait que les deux héroïnes lancées à toute allure dans le vide plongent en fait dans le cyberespace de San Junipero, comme dans le mème sur la musique de *Shooting Stars*[37].

L'amour homosexuel est également célébré dans *Vipères frappantes*: ce n'est que dans un jeu vidéo en ligne que les deux protagonistes se possèdent physiquement en inventant des identités fluides, selon des passions inconciliables sans cet artifice. Leur approche sexuelle en chair et en os se solde en effet par un échec lamentable.

---

36. « L'âge d'or, hein ? », s'exclame le nerd à l'intention de Yorkie, tandis qu'il interrompt sa partie de Pac-Man. Il se réfère aux années quatre-vingt, également la période de référence dans *Bandersnatch* et *Vipères frappantes*.

37. Le mème de la série où des objets, surtout des chats, mais aussi Donald Trump et d'autres éléments qui, saisis dans des contextes quotidiens dès les premières notes de *Shooting Stars* (2009), flottent dans l'espace infini de la Toile au graphisme rétro des années quatre-vingt-dix.

Quel genre de corps habite ces histoires érotiques ? Dans une scène de *Pendez le DJ*, par exemple, deux amants rebelles se retrouvent à côté d'enregistrements fantômes d'eux-mêmes qui disparaissent, se délitant rapidement en pixels évanescents dans le miroir noir des hypothèses de couple. Des *corps-discorps* rendus fantasmagoriques par la technologie.

Amy et Frank répondent à la « métaphysique du *crackle* ». Leurs avatars rejettent la logique des algorithmes, n'observent pas les règles et désamorcent l'illusion de la présence, comme dans un trompe-l'œil numérique qui alterne habilement dans la trame diverses catégories interprétatives : celle de la modernité « construite sur des technologies qui ont fait de nous tous des fantômes et la postmodernité [qui] pourrait être définie comme la capitulation du temps historique devant le temps spectral des dispositifs d'enregistrement[38] ».

En quête du bonheur, les corps de *San Junipero*, *Pendez le DJ* et *Vipères frappantes* sont tous des corps enregistrés qui ne peuvent éviter la diaspora à partir des chairs ; une fois qu'ils l'ont subie, ils rétablissent l'ordre du discours normé et, bien que ce soit sous des formes autres qu'anthropocentriques, reparcourent ses besoins, ses érotismes, ses désirs et ses attitudes.

Ce destin du *discorps enregistré* dans *Black Mirror* ne fait que restaurer l'obsession qui a mûri au cours des derniers siècles par rapport à l'identification de la copie *versus* l'original, de la perspective claire de l'espace et du cours linéaire du temps. Des éléments de confusion s'insinuent toutefois dans *Black Mirror* : l'arrière-plan devient premier plan (*Blanc comme neige*) et *le temps est*

38. M. Fisher, « The metaphysics of crackle. Afrofuturism and hauntology », p. 48.

désarticulé — cette phrase prononcée par Hamlet a été reprise par Philip K. Dick en guise de titre d'un de ses romans, qui a inspiré ce précurseur cinématographique de notre série qu'est *The Truman Show*. *L'hymne national* rend hommage à ce dernier, lorsqu'on voit plusieurs groupes sociaux (les infirmières de l'hôpital, le couple âgé, la clientèle du bar) fascinés par l'émission de télé sensationnaliste où ils suivent les tribulations du premier ministre, tel le show télévisé que Truman prend pour la réalité. C'est en effet ce que le spectacle de l'homme politique et de la truie se révèle être : un moment audiovisuel orgiaque.

La diaspora du corps : mode d'emploi

Déplaçons maintenant la perspective vers les bords du miroir noir : nous ne trouvons que des paradoxes liés à ce que nous croyons savoir sur notre corps entré en contact avec les technologies immersives du contrôle, des réalités virtuelles et du *gaming*. En laissant proliférer les marges du corps, en étendant ses orifices et en abandonnant ses parties molles, nous subvertissons malgré nous la hiérarchie et les fonctions traditionnelles des organes, tandis que des images obscènes, déstabilisantes et triviales nous sont renvoyées. Notre corps habite la diaspora des instantanés externalisés et placés dans des mémoires numériques accessibles à quiconque. Notre corps appartient irrémédiablement à autrui. Or tout le monde n'est pas prêt pour cette mutation épistémologique.

Black Mirror semble s'intéresser de manière obsessionnelle aux insultes que peuvent essuyer les personnes expropriées de leur corps. Prenons l'exemple du moment où Liam est certain de la trahison de Fiona, car il en a obtenu, par la violence, la preuve visuelle : si nous éprouvons de l'empathie face à sa colère, puisqu'il a été gravement trompé — sa fille est même sans doute le fruit de cet adultère —, nous éprouvons par ailleurs un malaise intense face à l'humiliation infligée par le mécanisme de vérification de la vérité. Sa réaction bestiale est amplifiée et même *augmentée*, pourrait-on dire, à cause des effets exorbitants dus à la possibilité de savoir de l'autre ce qu'il n'est pas donné de savoir, *humainement*, d'avoir accès aux souvenirs privés revécus à travers les yeux de celui ou celle qui les a vécus.

Pensons à la fin de *Chute libre*, quand l'intensification dramatique des événements qui ont conduit à l'arrestation de Lacie Pound et à la saisie de ses lentilles et de son portable pour vérifier ses scores débouche sur une bordée d'insultes et de rires vulgaires mais libérateurs adressés au détenu de la cellule voisine, dans une exubérance du corps grotesque : « Lorsque des gens qui entretiennent un commerce familier rient et s'injurient [...] leur langage regorge de figures du corps grotesque : corps qui s'accouplent, font leurs besoins, dévorent[39]. » Ainsi, Liam (*Retour sur image*), Lacie (*Chute libre*), les yeux du cobaye qui permettent de reconstruire l'homicide multiple (*Crocodile*), le visage, désormais déformé par la terreur, du protagoniste de *La chasse*, ainsi que le martyre de l'hologramme du père dans *Black Museum*, contribuent à la diaspora du corps hors du domaine bien circonscrit de l'humanisme. Dans une scène magistrale du film coréen *Parasite*, les occupants ravalés au rang de cafards qui vivent dans la cave d'une maison de la haute bourgeoisie se battent lamentablement en brandissant

39. M. Bakhtine, *L'œuvre de François Rabelais et la culture populaire*, p. 317.

un smartphone telle une arme menaçante, le doigt prêt à appuyer sur la gâchette d'envoi d'une vidéo qui dénoncerait certains méfaits des domestiques et les priverait ainsi du privilège de vivre dans la condition parasitaire dont ils bénéficient. Châtiments corporels, expiations médiévales et humiliations sous l'égide d'intelligences et de dispositifs artificiels.

> Premier ministre — Oh merde, putain d'Internet! Alors, quelle est la procédure?
> Julian — C'est un territoire vierge, monsieur le ministre. Il n'y a pas de procédure (*L'hymne national*).

Dès le premier épisode de *Black Mirror*, nous nous familiarisons avec des territoires vierges où il n'existe pas de procédures à appliquer, où les protocoles sont arbitraires; comme dans *La colonie pénitentiaire* de Franz Kafka, la faute est inconnue, inscrite sur le dos du condamné, de sorte qu'il est incapable d'organiser une rébellion contre ce qui l'opprime. Même les rares révoltes ont lieu en catimini et ne mènent nulle part; le corps humain se lance en reconnaissance de ces territoires inexplorés avec ses peurs, ses émotions, ses aspirations et ses faiblesses.

L'effigie du corps érotisé utilisé comme médium est présente d'emblée. Dans le premier épisode de la première saison — *L'hymne national* —, la journaliste de l'UKN obtient d'un homme politique proche du premier ministre des informations confidentielles grâce à l'envoi de selfies porno pris en quelques secondes dans les toilettes de la rédaction (elle le fait à deux reprises). Et ces images de son corps, monnaie d'échange au cœur de la crise du premier ministre, restent là, flottant dans le mobile de l'informateur.

Le statut des images corporelles à l'ère du Web 2.0 tend à se mesurer à l'aune de leur dissémination photographique insondable et irrépressible. Le moi expansé en ligne par le biais de cette diffusion à grande échelle ne prétend pas être archivé dans des albums ni même conservé. C'est surtout vrai pour les images à caractère sexuel. Le point de non-retour, dans *Tais-toi et danse*, est le calvaire du jeune Kenny, qui cède au chantage acharné d'un *hacker* inconnu pour expier sa faute et tenter d'éviter que les clichés de lui en train de se masturber devant son écran soient rendues publiques. Si l'échange de photos et de vidéos érotiques en ligne est une pratique de plus en plus fréquente, signe de la pornoculture en vigueur, elle est aussi de moins en moins sûre. Il n'est pas rare de tomber sur le genre *revenge* (vengeance), une sorte de porno involontaire où la victime est l'objet d'une humiliation liée à la publication sur Internet de ses images osées, accompagnées de ses données personnelles tombées entre les mains du pirate informatique.

Le corps de Kenny dans *Tais-toi et danse* est mis à dure épreuve : il est d'abord épié pendant un acte privé rendu public ; en proie à la terreur, il urine dans son pantalon ; enfin, contraint de tuer un autre homme, il finit par se livrer à la police, dévasté, en sang. L'intrigue est convaincante et réaliste au point d'inspirer des craintes concrètes aux spectateurs, dont beaucoup ont depuis pris l'habitude de masquer la caméra de leur ordinateur avec un autocollant.

D'abord amenés à prendre le parti de Kenny, victime d'une avanie disproportionnée par rapport à un acte intime tel que la masturbation devant des vidéos en ligne, on finit toutefois par se persuader du bien-fondé de son châtiment en découvrant, lors du choc final avec son adversaire, qu'il s'excitait sur des images d'enfants : Kenny est puni en tant que pédophile.

Le corps du spectateur, qui, peu auparavant, tremblait en pensant à la façon de protéger sa propre vie privée lors de ses navigations sur Internet, se sent soulagé en apprenant que le troll qui harcelait Kenny était mu par des raisons imparables. L'épisode sème cependant des sensations dérangeantes et un sillage de doutes : le premier concerne le soupçon indéfinissable qu'il est difficile, vu le jeune âge du protagoniste, de lui coller l'étiquette de pédophile ; deuxièmement, on ne voit pas les contenus numériques pour lesquels il est condamné, qu'on ne connaît que par le biais de l'allusion de l'homme avec lequel il se bat et des suggestions du finale ; enfin, sur le plan technique, on peut se demander quelles images précisément le pirate a envoyées à la mère de l'adolescent pour l'exposer. Celle de Kenny se masturbant à côté de celles d'enfants, en *split screen* ? Mais comment prouveraient-elles sa culpabilité, si elles sont simplement juxtaposées et ne font pas partie d'un unique plan-séquence ? Celui-ci aurait en effet requis la présence de quelqu'un (ou de *quelque chose*, tel le drone du duel final) dans la même pièce que Kenny, qui, d'abord à côté de lui, puis derrière lui, enfin devant lui, l'aurait encadré en train de se livrer à des pratiques onanistes en regardant son portable où s'afficheraient des images pédophiles. Ce type d'opération résulte d'une stratégie énonciative bien précise en termes de mise en scène, où confluent le médium (un steadicam) et l'effet : ce que Zagarrio qualifie d'*aesthedicam*, esthétique du tournage avec une caméra portée par l'opérateur[40] capable de documenter fidèlement la scène dans son ensemble, en l'occurrence en se déplaçant autour

40. V. Zagarrio, *La retorica dello sguardo : cinema del reale, long take, « aesthedicam »*.

de l'adolescent pour capter une vision totale et non partielle de ses activités électroniques. Mais ce n'est pas le cas : le spectateur, irrémédiablement submergé par les événements dont il est témoin, est si préoccupé par les dangers guettant sa propre vie privée dans des conditions médiologiques analogues, que le sentiment concret qui l'emporte est la crainte d'être espionné, laquelle occulte la lucidité nécessaire pour analyser les faits. Nous arrivons ainsi à la conviction ultime que le troll est un justicier, féroce mais inattaquable, puisque Kenny, si invraisemblable que cela puisse paraître, s'est révélé être un impardonnable pédophile.

Dans cet épisode, le miroir noir agit tel la surface d'un « dispositif hyperstitionnel[41] » médiatisé par l'écran et immédiat dans son résultat. Entre l'écran de Kenny — qui fait partie d'une fiction au sens le plus littéraire du terme, autrement dit d'une fiction narrative — et le nôtre se crée un « espace visqueux[42] » : ce qu'il fait et regarde sur Internet, même invisible pour nous, équivaut à ce que nous faisons et regardons nous-mêmes dans nos chambres, même si nous ne partageons pas la même culpabilité. En tant que spectateurs du *Black Mirror*, habitués à ses préconditions, et en tant qu'usagers et qu'internautes, nous ressentons la porosité de ce qui se passe à la frontière entre deux écrans et les corps qui les agissent, nous percevons qu'il s'agit d'un phénomène

41. C. Kulesko, « La theory-fiction come dispositivo iperstizionale ». Par « hyperstition », le CCRU (Cybernetic Culture Research Unit) entend la notion élaborée par Mark Fisher, lequel définit ainsi ces éléments passés et présents du bassin de culture pop qui s'auto-réalisent, ainsi que des événements passés, en vertu d'une intensification culturelle ; selon nous, les épisodes de *Black Mirror* en offrent un magnifique exemple.

42. V. Susca, « L'escrescenza o-scena di un incontro ravvicinato ».

des bords, comme le définiraient Deleuze et Guattari[43]. Même si nous ne captons pas les éventuelles apories techniques — nous ne sommes pas des enquêteurs, et le troll nous a résolument placés de son côté en faisant appel à l'abomination de la pédophilie —, nous tremblons à l'idée d'être à notre tour découverts tandis que nous effectuons nos habituelles « promenades dans les bois narratifs[44] » du porno en ligne.

En d'autres termes, *Tais-toi et danse*, malgré nous, parle de vous, de moi, de chacun de nous. Le reflet obscur émanant de Kenny fonctionne telle une malédiction ; la menace de diffamation publique, de réputation ruinée à jamais, conduit le protagoniste à avouer une faute incertaine, mais aussi à agir en coupable d'un crime innommable et peut-être jamais commis. Et nous chutons avec lui, victimes d'une défaite retentissante que le troll a obtenue au moyen de systèmes médiévaux pour extorquer les aveux de méfaits qui n'ont (peut-être) jamais eu lieu dans un régime scopique technologiquement reproductible à l'infini.

Avec l'histoire de Kenny et de son bourreau informatique — une fois abandonnés tout instinct et toute velléité de vérifier les hypothèses d'accusation ou de disculpation, comme le fait normalement le spectateur de séries télé tels les *crime and procedural dramas*, dont l'empathie va vers le justicier ou la victime —, les multiples analyses sur la médiation des écrans s'annulent[45]. L'espace du miroir noir, un cyberespace,

---

43. G. Deleuze, F. Guattari, « Comment se faire un corps sans organes ? ».

44. U. Eco, *Six promenades dans les bois du roman et d'ailleurs.*

45. A. Pinotti, A. Somaini, *Cultura visuale*, chap. IV ; A. Friedberg, *The Virtual Window : from Alberti to Microsoft* ; L. Manovich, *Le langage des nouveaux médias.*

fait que ceux qui regardent l'épisode, une fois arrivés à la fin, partagent virtuellement le même statut de personne incriminable d'un quelconque délit de voyeurisme en ligne. *De te fabula narratur*, même si l'on est loin de commettre un crime.

Ainsi *Tais-toi et danse* s'inscrit-il dans l'axe développé par Philip Dick dans *Rapport minoritaire* à partir de l'Inquisition, qui porte sur la façon d'empêcher un individu de commettre un acte jugé inacceptable dans une société transparente, où l'intimité est abolie et la faute intégrée (comme c'est le cas dans *Retour sur image*). Si la torture et les châtiments corporels, du douzième au seizième siècle, arrachaient des informations privées (bien cachées dans le for intérieur de chacun) et de faux aveux, afin d'éliminer des groupes sociaux considérés comme anomiques, les technologies de contrôle soustraient aujourd'hui des données personnelles en menaçant les individus qui les détiennent, car celles-ci ne sont plus conservées parmi leurs souvenirs mais ont été aliénées, éloignées et déportées dans les *mémoires externes*.

À cet égard, la solution cynique de la mort représente un impossible que la transmigration de la conscience d'une personne dans un autre corps permet de dépasser. Lorsque Jack (*Black Museum*) rencontre sa nouvelle compagne, la conscience de sa défunte épouse, Carrie, ne lui laisse aucun répit, au point qu'il finit par décider de la reléguer dans le singe en peluche de son fils pour la conserver « en vie ».

> Emily — Carrie est frustrante pour *nous*.
> Rolo — Vous avez mise Carrie sur pause, là ? D'accord, eh bien, il y a toujours la solution de la suppression. [...]
> Jack — Non ! Ce serait la tuer !

> R. — Pas du point de vue légal.
> J. — Du point de vue éthique.
> E. — S'il te plaît ! Elle n'est plus qu'un reste de code dans ta tête. Ce serait comme… comme effacer un mail.
> […]
> J. — Il doit bien y avoir quelque chose que vous pouvez faire.
> R. — C'est une version beta qu'on est en train de tester. Prévue pour les parents en phase terminale : une sorte de souvenir pour leurs enfants. Voilà.
> J. — Un *singe* ? !
> R. — Non, un souvenir, je dirais.

Après ce flashback, Rolo, dans son musée du crime, commente ce qui s'est passé :

> R. — Il y a quelques années, l'ONU a décrété illégal le transfert de consciences humaines dans des formats limités comme celui-ci. Il doit être en mesure d'exprimer au moins cinq émotions pour être considéré comme humain. [Il ricane.] Des droits humains pour des cookies !

La chasse, avec l'incompréhensible prison du White Bear Justice Park, où aucun droit humain n'est sauvegardé, implémente l'horreur de la punition, du contrôle, des effets de l'enregistrement des données et de l'émoussement de la conscience dans un régime de privation sensorielle. Une horreur surréaliste et impitoyable, qui fait que la protagoniste finit par demander à mourir pour ne plus voir ses bourreaux, parmi lesquels figure un personnage comme échappé d'un film de David Lynch, avec son masque de lapin et sa démarche martiale de modèle robotique vêtu d'une tenue adaptée à un défilé : le défilé de l'horreur.

Le *tòpos* de la prison, dans ses déclinaisons extrêmes (même le jeu vidéo devient une cellule mortelle, par exemple dans *Phase d'essai*, *Blanc comme neige*, *Bandersnatch*, *Pendez le DJ*), renvoie aux *Prisons imaginaires* de Piranèse, où « presque jamais, nous n'avons l'impression d'être dans l'axe de l'édifice, mais seulement sur un rayon vecteur[46] ». L'inquiétante description de Marguerite Yourcenar pourrait s'appliquer aux captivités labyrinthiques, virtuelles et métalinguistiques de *Black Mirror*, avec leurs parcours identiques et sans issue où sont bloqués les corps, les consciences, les cheminements et les choix des personnages.

Dans la série anglaise, le corps ne connaît pas de répit : non seulement il est enfermé, espionné, violé, mis en service et corrompu par des dispositifs et des souvenirs alternatifs, mais ces modalités n'excluent en rien les châtiments corporels. Déclinés de diverses manières, ils sont infligés à des sujets épuisés par l'exercice physique, tels les concurrents d'un jeu où même le suicide perd sa valeur (*15 millions de mérites*), ou soumis à une dégradante défiguration du visage et du corps (*Tuer sans états d'âme*) qui fait que les soldats, trompés par un appareil d'altération visuelle, peuvent les identifier comme criminels et contaminateurs dont l'aspect répugnant justifie leur mise à mort.

L'époque tapageuse du direct en ligne dissimule un silence complexe, contrepoids de totems extrêmement high-tech qui, induisant des formes de soumission à des systèmes de communication binaire, font de plus en plus pression pour que le corps reprenne l'avantage et le pouvoir sur le langage. Ce dernier, en effet, trépigne, se sacrifie et exulte, même dans la recrudescence de la violence. À bien des égards, *Black Mirror* va à contre-

---

46. M. Yourcenar, *Sous bénéfice d'inventaire*, p. 149.

courant de l'intégration de l'anomique dans l'imaginaire de la culture visuelle : habitué à des bandes des tueurs en série envers lesquels il ressent de la sympathie, d'anti-héros dont regorgent la littérature, la bande dessinée et le cinéma depuis des décennies, le public de Brooker applaudit face au châtiment du marginalisé, à l'effacement du sujet borderline, à la dévastation de l'amoureux : il s'agit d'un applaudissement symbolique, fruit du consensus et du succès rencontrés depuis près de dix années de la série. La communauté *Black Mirror* ne veut pas de héros, ne s'intéresse pas à l'anomie et se complaît dans les trouvailles diaboliques pour punir (pensons au magistral *Crocodile*) les transgresseurs de lois erronées mais cependant en vigueur.

Conforme à la nature spécifique du médium dont il est l'expression, la sérialité télévisuelle, *Black Mirror* s'autorise le sadisme de réitérer les finales tragiques, alimentant la dépendance du spectateur vis-à-vis du versant obscur de la technologie.

Chapitre 3
L'aurore dans le bois des choses sans nom

Le miroir analogue

« Et si tu n'es pas sage tout de suite, ajouta-t-elle, je te fais passer dans la Maison du Miroir. Que dirais-tu de *cela* ? » : c'est en ces termes qu'Alice menace de punir Kitty, sa petite chatte, dans les premières pages du célèbre roman de Lewis Carroll. Ce lieu qu'on atteint en traversant le miroir est identique à l'environnement familier qu'il réfléchit, si ce n'est que « les objets y sont inversés ». Tout ce qui se reflète dans la glace est un *analogon*, car les êtres qui se trouvent à l'intérieur de cet espace accomplissent les mêmes actions que ceux qui sont à l'extérieur, exactement au même moment. « Puis, vois-tu », observe Alice, « les livres y ressemblent à nos livres, à cette différence près que les mots y sont écrits à l'envers ; je le sais bien, car un jour j'ai tenu un de nos livres devant le glace, et, lorsqu'on fait cela, on tient un livre aussi dans l'autre pièce[1] ».

1. L. Carroll, *De l'autre côté du miroir*, p. 261.

L'au-delà du miroir est une dystopie particulièrement perturbante en raison de la familiarité qui s'y reproduit. Si Alice évoque la possibilité de franchir le seuil qui l'en sépare, ce n'est pas que pour punir sa petite chatte qui a fait des bêtises : elle brûle de découvrir en personne ce qui se passe de l'autre côté, convaincue que ce monde parallèle fourmille de potentialités. Pour s'y rendre, dit-elle, il suffit d'imaginer que la surface réfléchissante devient aussi légère qu'une gaze (*soft like gauze*) ; en effet, celle-ci se transforme à l'instant, se vaporise en une sorte de brume argentée — *silvery mist* — qui permet à la jeune fille de la traverser.

Si cette opération est possible de manière inoffensive dans le roman du révérend Carroll, le miroir noir de la série *Black Mirror* n'est en rien prédisposé à la perméabilité : il se fendille et se brise sous nos yeux à l'issue du rituel d'ouverture du générique, émettant des sons de panne électrique, de *glitch*, comme lorsqu'une ampoule est sur le point de griller. Erreurs irréversibles, fissures irréparables et stridentes dans la surface vitrée.

Ce qui rapproche le passage d'une dimension à l'autre dans les deux cas, en deçà des véritables mutations qu'il inaugure, c'est la teinte de la surface réfléchissante violée : si la brume est argentée dans le récit littéraire, la lumière émanant des signes puis des lettres qui composent les mots « Black Mirror » est glaciale dans le récit audiovisuel, telles les diffractions des miroirs fêlés.

Les profondes homologies[2] qui unissent les deux textes tiennent à leur source commune, le miroir, dont les propriétés et les particularités marquent et forgent

2. Nous faisons ici référence aux différences significatives et aux similitudes linguistiques, structurelles et sociologiques du miroir dans les deux sources examinées, qui préparent des interprétations ultérieures. Voir F. Rossi-Landi, *Omologia della produzione sociale*.

certains aspects partagés en générant des plans symboliques et métaphoriques comparables et toutefois divergents. À partir de cette origine unitaire, les deux propos se distinguent radicalement en imaginant, pour l'un, la traversée de la surface réfléchissante et l'invention d'un lieu similaire au-delà du reflet, pour l'autre, la crise et la rupture de l'écran noir qui s'ensuit, dues à des impulsions électromagnétiques non spécifiées. Les signaux du générique agissent en effet, au cours des diverses saisons de la série télévisée anglaise, pour déclencher des homologies entre la sphère linguistique et la sphère socioéconomique, produisant des superpositions dérangeantes, des effets analogues, des différences symptomatiques.

On peut relire à la lumière de cette hypothèse l'interprétation que Colin propose à Stefan dans *Bandersnatch*, lorsque le programmeur fait émerger l'analogie signique du jeu vidéo Pac-Man en la traduisant en phénomène social de consommation, de production, de libre arbitre et de contrôle.

> Colin — Il y a des messages dans chaque jeu. C'est comme pour Pac-Man, tu sais ce qu'elles veulent dire, les lettres PAC ? P-A-C. *Program and Control*. Il est programmé et contrôlé. Tout ça, c'est une métaphore. Il pense avoir son libre arbitre, alors qu'en fait, il est piégé dans un labyrinthe, dans un système. Tout ce qu'il peut faire, c'est consommer, il est poursuivi par des démons qui sont juste dans sa tête, sans doute. Même s'il arrive à s'échapper en se défilant par un des côtés du labyrinthe, qu'est-ce qui se passe ? Il y rentre aussitôt par l'autre côté.

Ce monologue est assez inédit parmi les scripts de *Black Mirror*, car il fait penser à Philip K. Dick mais se situe aussi à la lisière du didactique, presque naïf par rapport aux thèmes et à l'imaginaire complexes auxquels Brooker & Co.

ont habitué leur public. Par ailleurs, une affiche d'*Ubik* — le roman de Dick écrit en 1969, dont les puissantes atmosphères psychédéliques et hallucinatoires sollicitent plusieurs niveaux de réalité — orne le mur du logement de Colin et attire irrésistiblement le regard du jeune Stefan, qui est sous l'effet d'un acide. Le poster comporte du reste un lion, un symbole récurrent dans cet épisode.

S'il est impossible d'identifier une histoire ou un roman précis de Dick dont *Black Mirror* s'inspirerait directement, on peut affirmer que la série dans son ensemble est imprégnée de la pensée de l'auteur américain: des théories du complot et du contrôle des esprits aux altérations des états de conscience dues à l'usage de stupéfiants et aux différentes dimensions qui interagissent.

Bandersnatch et la *game culture*: fétiches transmédiaux

Dans ce cas spécifique, il est clair que le film interactif de *Black Mirror*, fruit d'une requête explicite de Netflix à Charlie Brooker et Annabel Jones, est étroitement lié à la culture du jeu vidéo et à son âge d'or, les années

Lion

quatre-vingt, car il rend hommage avec finesse et zèle esthétique à ses pratiques quotidiennes, ses atmosphères et ses sonorités[3] par le biais de références destinées à titiller la niche des amateurs de *gaming*, des nerds, des nostalgiques, qui avaient déjà été invités à sonder les perversions du marché des jeux vidéo immersifs et du *beta-testing* dans *Phase d'essai*, un récit d'horreur situé de nos jours. En célébrant l'apogée de l'industrie britannique des jeux vidéo au moyen d'un processus interactif qui fait de chaque spectateur un joueur, *Bandersnatch* incite aussi les *gamers* à une chasse aux indices rétroactive et obsessionnelle, dont Brooker est pleinement conscient : on en a un aperçu en surfant sur Internet à partir de mots clés en lien avec diverses hypothèses, citations et renvois liés au film. Bref, *Bandersnatch* nous met face à un phénomène mouvementé de convergence médiatique[4] qui a pour ambition de fonctionner entre autres rétrospectivement.

En ce sens, il est frappant de redécouvrir une vidéo téléchargée en 2011 sur Youtube, depuis la chaîne RetrocastUK, qui fait partie d'une série britannique de documentaires tournés par Paul Anderson pour la BBC, intitulée *Commercial Breaks*[5]. Elle raconte en une trentaine de minutes ce qui est arrivé en 1984 à Imagine Software Limited, la célèbre compagnie de jeux basée à Liverpool : au plus fort de son succès dû à des jeux

3. Non seulement les médias, les supports et les dispositifs sont servilement mentionnés dans *Bandersnatch*, mais le cinéma, la littérature et la musique jouent aussi un rôle important dans l'intrigue et les choix qui la concrétisent. Voir l'analyse attentive d'Andrea Benedetti dans « Bandersnatch e l'inganno musicale ».

4. H. Jenkins, *La culture de la convergence*.

5. Le documentaire de Paul Anderson, avec son fil de commentaires, est visible sur Youtube.

mémorables, celle-ci a connu un déclin irréversible, alors qu'elle annonçait l'arrivée du mégajeu Bandersnatch :

> Et le voilà. Bandersnatch — le tout dernier jeu d'aventure : quand il sera terminé, il vous amènera, comme l'affirme Imagine, dans un monde imaginaire. Le secret du pouvoir de Bandersnatch, c'est un composant électronique spécial : un ajout au disque dur de l'ordinateur domestique, qui sera pour finir réduit à une petite cartouche vendue avec le jeu.

Mais le vent a tourné et Bandersnatch, pourtant si publicisé, n'a jamais vu le jour. À la minute 6.00 du documentaire s'ouvre une scène où l'équipe de télévision d'Anderson filme John Gibson — surnommé Papi parce qu'il est le seul concepteur de jeux vidéo de plus de trente ans chez Imagine, parmi tant de jeunes de vingt ans voire moins encore — aux prises avec un bug assez fastidieux :

> John Gibson — Ça marche bien maintenant — il va à la bonne vitesse, et ça, c'est le policier, qui va lui aussi à la bonne vitesse. Bon, ce que j'essayais de faire, c'est de compenser le fait que la vitesse changeait quand on passait à une nouvelle scène, et le code ne marchait pas comme il faut, alors quand il arrivait dans la nouvelle scène, tout allait tout à coup à une vitesse terrible. Alors ça… c'est un bug ! Zut !

Il n'est pas superflu de souligner que la scène rappelle de façon inattendue les moments du film où Colin puis Stefan doivent eux-mêmes corriger des bugs affectant le dialogue mais aussi la syntaxe filmique, justement. Anderson parvient à pénétrer dans la vie quotidienne de la compagnie, s'immisce dans ses secrets, dévoile les enthousiasmes et les perplexités de ses membres. Le documentaire est ainsi un produit plutôt atypique pour la BBC, car il filme tout. Peu après la complication évoquée par le programmeur, Mark Butler, un jeune homme de vingt-trois ans qui fait partie des fondateurs d'Imagine Ltd (et partage surtout son patronyme avec le protagoniste du film, Stefan Butler) prend la parole : en gros plan, il n'hésite pas à vanter les caractéristiques du mégajeu en affirmant d'une voix feutrée, qui n'est incertaine que par intermittences :

> Dans ce jeu, on a des dessins animés, alors qu'il n'y en a pas d'habitude ; des sons réels, qui n'existent pas non plus dans les jeux normaux, et le vrai contrôle d'un personnage entièrement animé auquel on peut littéralement faire tout ce qu'on veut.

Ce passage est particulièrement étonnant, car c'est la sensation croissante d'être contrôlé par d'autres qui provoque une crise de nerfs chez Stefan dans *Bandersnatch*.

Citons aussi l'extrait qui décrit les difficultés de la société lorsqu'elle doit communiquer un retard fâcheux de la commercialisation du mégajeu. Elles résultent clairement de la stratégie du *vaporware*, qui, dans l'industrie informatique, désigne l'annonce très anticipée de matériel informatique ou de logiciels au moyen de réclames spectaculaires parfois destinées à sabrer les ventes de la concurrence ; certains des produits publicisés, du reste, ne seront jamais fabriqués ni officiellement retirés de la production[6] :

6. Il est utile de s'arrêter sur les intersections entre les termes *vaporware* et *vaporwave*. Ce dernier, qui appartient au genre musical-esthétique des années 2010, revendique une origine marxiste, et les sources en ligne citent ce passage du *Manifeste du parti communiste* publié en 1848 à Londres : « Tout ce qui avait solidité et permanence s'en va en *fumée*, tout ce qui etait sacré est profané. » Le commentaire détaillé en anglais de LRNZ A

> Là-bas à Liverpool, les directeurs d'Imagine ont un problème : la sortie du jeu a été remise à plus tard, alors à la place ils doivent produire de nouveaux communiqués de presse avec davantage d'informations concrètes.
> Bruce Everiss — J'ai parlé aux médias, et on a tellement fait de battage que ça risque de retomber comme un soufflé, sauf si on leur livre effectivement des produits bientôt. C'est une manière de leur filer un truc à se mettre sous la dent. Ce qu'on veut, en ce moment, pour pouvoir les garder sur le feu jusqu'à la sortie.

Le spectateur qui, à ce stade, se considère malgré lui comme un joueur de *Bandersnatch* sur Netflix, devient un limier électronique dans un glissement inévitable — entre autres de sens — du documentaire de 1984 au flux de commentaires bizarres, de 2011 à 2019, sur la singularité du produit audiovisuel mis en ligne. Est-il authentique ou s'agit-il d'un *fake* de Netflix placé là exprès et antidaté pour brouiller les idées ?

Un futur antérieur dépassé

Dans leur quête de sources, non seulement les internautes ajoutent de nouveaux liens et dialoguent à des années de distance, selon les modalités propres au système de commentaires sur Youtube, mais ils sont aussi

---

alias Lorenzo Ceccotti n'est pas moins intéressant pour son abondance de détails, pas nécessairement *nerd-oriented*: en 2010, il a publié dans son blog une reconstruction des faits d'Imagine et du *vaporware* qui a affecté deux jeux, Psyclapse et Bandersnatch, bien assortie d'images relatives aux campagnes publicitaires de l'entreprise, qui montraient les créatifs et leurs visages béats devant l'écran, comme s'ils adoraient un prophète nouveau-né rayonnant. L'affaire de la légende du jeu Psygnosis, avec les dérives grotesques qui l'accompagnent, mériterait une étude à part entière : nous renvoyons pour son analyse à brataccas.blogspot.com.

pris à leur insu dans un écheveau d'informations réelles, passées, fictives, présentes, futures, et d'un futur antérieur dépassé. Dans le Web, par exemple, un visiteur demande en 2012 si les *retro-fans* du documentaire de 1984 ont saisi une particularité de la musique qu'il a lui-même insérée dans la vidéo d'ouverture ; un post daté de janvier 2019 — après *Bandersnatch* — l'interroge avec une insistance très crue sur son identité et son rôle exact dans cette affaire, espérant peut-être contribuer, grâce à de nouveaux indices, à dissiper les épais mystères de cet embrouillamini. Les questions de ce visiteur demeurent bien sûr sans réponse. Certains apportent des compléments d'informations sur le vrai jeu vidéo qu'Imagine n'a jamais fait sortir, d'autres écrivent (récemment) qu'ils possèdent une démo originale, copient le lien du fichier audio téléchargé sur Soundcloud, qui reproduit le son du ZX Spectrum ; décodé, ce signal fournit le Code QR permettant d'accéder au site où l'on peut télécharger les jeux vidéo de la prétendue Tuckersoft, lesquels ne sont autres que certains des jeux mentionnés dans le film, ainsi que des épisodes au titre camouflé des saisons précédentes de *Black Mirror*.

Pour jouer, il faut suivre le conseil prodigué et télécharger le simulateur en ligne du ZX Spectrum[7]. Dans

7. Un autre expédient d'interférence (apparente) en temps réel complique la convergence transmédia et les allées et venues entre faux site et vrai site : si l'on navigue sur la page Tuckersoft.net pour voir les jeux et cliquer partout où il y a une barre dans l'espoir de découvrir d'autres agréments, on remarque de prime abord que le jeu présumé Bandersnatch a été « annulé » : on nous explique qu'il n'a jamais été réalisé en raison de la faillite d'Imagine — en référence, donc, à des faits qui sont réellement advenus ; cependant, en y retournant plus tard, et sans doute par hasard, sur la même page peut-être, pour des explorations supplémentaires, on voit que l'icône du jeu en question aura changé : on peut cliquer dessus et accéder à une page avec une triade de galeries

l'ordre, on trouve Nohzdyve, avec une page accompagnée de captures d'écran du jeu vidéo ; Metl Hedd ; White Bear ; Valdack's revenge, où l'objectif est de « protéger l'USS Callister » (en référence à l'épisode *USS Callister*) ; Rennoch B, à partir duquel, en cliquant sur un autre lien au graphisme rétro, on peut faire l'expérience de l'appli de rencontres utilisée par les personnages de *Hang the Dj*, tandis qu'un autre bouton clignotant renvoie à une vidéo sur Youtube (le *teaser* de l'épisode *Rachel, Jack et Ashley Too* de *Black Mirror*, qui n'était pas encore sorti à l'époque) ; Rolling Road, qui demande si l'on est capable de pédaler toute la journée en n'allant nulle part, comme dans l'épisode *15 millions de mérites*. Et ainsi de suite.

Sur le fond de certaines pages du site vintage décrit ci-dessus figure la phrase « Les personnes, les lieux, ainsi que les événements, sont basés sur des faits réels », elle-même un hyperlien catapultant l'usager vers… Netflix. Quand la boucle semble se boucler, c'est-à-dire au moment où on a ouvert toutes les couvertures des jeux réalisées en style *horror*, *splatter*, *low fi* et B. D., on retourne à la page d'accueil de Tuckersoft.net. Où l'on peut, si l'on recherche de nouvelles surprises, voir ce qui se passe par exemple lorsqu'on clique sur le lien de l'annonce commerciale de 1984 adressée à ceux qui désirent faire partie des programmeurs de la compagnie : « Tuckersoft job listing AD from 1984 ». S'ouvre d'abord une page entièrement occupée par l'image du patron de l'épisode *Bandersnatch*, qui demande si le lecteur n'est pas un concepteur de jeux vidéo. En faisant défiler le curseur sur le fond, on est tenté

---

d'images anticipant le fameux jeu de 1984 avec l'agent, le parcours, le symbole de la bifurcation et un lion (lequel, dans l'épisode, fait entre autres partie du dessin de l'acide). Enfin, ce qui est le plus surprenant, c'est ce qui se passe si l'on clique sur le lien en bas de page, qui renvoie à notre compte personnel Netflix.

par l'invitation : « Pour plus d'informations. Le futur a besoin de vous. » Étonnamment, quand on l'ouvre, on se retrouve sur un site Netflix où il est possible de remplir un formulaire de candidature pour entrer dans la liste, cette fois-ci réelle, des postes professionnels ouverts par la compagnie dans différents secteurs.

Et si ce n'était pas suffisant, soyez sûrs que le jeu pourrait durer encore longtemps, comme l'annonce la fausse page vintage : « Bandersnatch présentait un nombre record de chemins à découvrir — un labyrinthe sans fin d'émerveillement. » Ce labyrinthe, inauguré avec le mystère de 1984 et rouvert à plusieurs reprises au fil des ans pour le plaisir des *retro-fans*, se prolonge jusqu'à la sortie du film, qui lui a donné une nouvelle vie.

L'utilisateur, bien qu'invité à jouer, à suivre « l'aventure d'un agent qui prend différents chemins », est sans cesse mis en garde — non sans une once de méta-rhétorique, toutefois — contre la grave dépendance créée par ce nouveau jeu. Mais à quel jeu se réfère-t-on, peut-on se demander ? Celui, fatal, auquel Stefan joue dans *Bandersnatch* ou celui que Brooker et Netflix nous font vivre ? En attendant… « Karl vous invite à jouer à *Striking Vipers.* »

« Mais, oh ! », se dit Alice en se levant d'un bond, « si je ne me hâte pas, il me faudra repasser à travers le miroir avant d'avoir vu à quoi ressemble le reste de la maison ! Jetons un coup d'œil, d'abord, sur le jardin[8] ! » À l'instar d'Alice dans le roman de Carroll, les dernières saisons de la série laissent au lecteur le plaisir de trouver des traces ultérieures ou parallèles tournées vers d'autres perspectives, voire d'autres dimensions, comme le soutiennent tant Colin que — à sa façon — l'analyste de Stefan. Ce

8. L. Carroll, *De l'autre côté du miroir*, p. 268.

qui semble prévaloir, cependant, c'est une réflexion sans préjugé sur la possibilité de dépasser les formes esthétiques traditionnelles, linéaires et même postmodernes du récit en introduisant l'approche du jeu tel qu'il a été conçu lors de l'avènement de la culture du jeu vidéo et du cyberespace.

Le spectateur devient *gamer* mais, conformément au style auquel Brooker nous a accoutumés, c'est un joueur intégral, paranoïaque et obsessionnel — et s'il ne l'est pas, il le devient vite. En effet, une fois qu'il a achevé de voir *Bandersnatch* et essayé d'autres fins, qu'il est parvenu à se dégager de ce qu'il croyait être les seules possibilités d'interaction, fascinantes mais en fin de compte plutôt limitées (le choix de tel ou tel type de céréales, de tuer le père ou de l'épargner en lui criant dessus…), il glisse vers un autre jeu, dans la tentative de fournir une vision plus complète des segments filmiques : ainsi se retrouve-t-il à chercher des pièces du puzzle en surfant sur Internet, comme dans l'« entretien infini » si cher à Maurice Blanchot. En l'occurrence, pour citer le philosophe au sujet de la littérature et du récit, nous sommes en présence de morceaux détachés d'un « ciel inconnu », le ciel du passé, impossibles « à rattacher à rien qui puisse se connaître[9] », induisant un entretien récursif avec des fétiches d'antan.

L'entretien infini réside dans la catastrophe, avant tout celle du temps et de l'espace, car le retour au passé est impraticable, si ce n'est par le biais de la science-fiction dystopique : en sélectionnant l'âge si fertile des premières explorations de jeux vidéo, déjà revisité à certaines époques du système San Junipero, ou en les actualisant au moyen d'*upgrades* érotiques et immersifs de jeux glorieux pour la jeunesse, comme c'est le cas pour la nouvelle version VR (Striking Vipers X) du jeu

9. M. Blanchot, *L'entretien infini*, p. 452.

qui captive à des années de distance les amis Danny et Karl, d'anciens colocataires, dans *Vipères frappantes.*

Tel est le voyage auquel *Black Mirror* fait sans cesse allusion.

Son auteur, Charlie Brooker, ancien journaliste pour magazines de jeux vidéo et de PC, créateur d'une chaîne de télévision en ligne à la fin des années 1990, où il préfigure en miniature les multivers de *Black Mirror* et, plus que tout autre joueur infatigable, semble ne désirer intensément qu'une chose : réactiver cet état de grâce initiatique que l'Occident a connu entre les années 1980 et 1990, tandis qu'il rêvait de l'avènement du cyberespace. Sur la rétine des yeux de l'époque s'imprimaient des graphismes du futur, ou plutôt l'imaginaire du futur tel qu'on le préfigurait et produisait depuis la fin du millénaire.

L'impossibilité d'habiter d'autres mondes avec l'impulsion qui animait l'aventurier du jeu vidéo à la fin du siècle dernier se traduit par une empreinte de nostalgie apocalyptique de l'humain, entendu au double sens d'« être humain », en tant que créature dotée des caractéristiques du genre humain, et de prédicat nominal indiquant la qualité de son comportement d'Homme. Cette nostalgie humaniste exacerbée par le harcèlement d'un présent technologique paranoïaque, arbitraire et implacable (pensons au système qui déclenche les raids des drones-abeilles IDA dans *Hated in the Nation*, *Haine virtuelle*) se traduit bien dans le multivers dystopique de *Black Mirror*.

La fresque de cette époque propulsive et gonflée de potentialités immersives encore intactes propres aux scénarios cyber des années quatre-vingt, qui spéculaient sur l'avenir de l'humanité, atteint rarement un résultat aussi conciliateur que dans *Vipères frappantes*, où Karl et Danny parviennent à résoudre leur désir trans-érotique impraticable en le confinant à une rencontre annuelle de sexe virtuel dans l'espace de leur jeu vidéo.

Cependant, c'est dans *San Junipero*, le chef-d'œuvre de l'histoire d'amour entre Kelly et Yorkie que Brooker s'émeut en se réconciliant avec la *techné*, dont il exploite le potentiel médiologique pour reconstruire ces mondes disparus, leur atmosphère et leurs aspirations par le biais de l'exercice fictionnel du récit audiovisuel. On voyage avec les « corps rêvants[10] » des deux jeunes femmes, de décennie en décennie, on discute du voyage après la vision en ligne, on continue à rejouer aux jeux vidéo préférés, avec le même enthousiasme que le blondinet nerd rencontré par Yorkie dans la salle de jeu de San Junipero, Tuckers (*nomen omen…*), quand il interrompt sa partie de Pac-Man et se tourne vers elle, perdue lors d'un énième voyage dans le temps en quête de Kelly, pour lui dire, radieux : « Un âge d'or, hein ! ? »

Il s'agit précisément des années quatre-vingt, la même décennie que dans *Bandersnatch*, à la différence près qu'à San Junipero on vient d'un futur proche, et qu'il faut mourir pour avoir la possibilité d'y vivre, tandis que Stefan est coopté par le futur, qui a un nom : il s'appelle Netflix, et c'est un système de divertissement global qui pénètre chez tout le monde.

Chez nous.

Le Black Mirror : un jeu sombre, inexécutable

> Dr. Haynes — Si c'était un divertissement, tu rendrais certainement ça plus intéressant. Injecte un peu d'action,

10. L. Taiuti, *Corpi sognanti. L'arte nell'epoca delle tecnologie digitali.*

non? Je veux dire, tu voudrais pas un peu plus d'action? *(Bandersnatch)*.

San Junipero est le seul épisode de *Black Mirror* qui déclenche un élan de confiance en l'humanité. Sorties des cendres de l'indifférence où leur existence est plongée, les deux protagonistes finissent par comprendre ce qu'elles doivent choisir: l'amour et la mort. Ce sentiment, sous forme de dépense, sacrifice qui transcende la dimension corporelle, comme le pratiquent les personnages habitant l'Éden de la compulsion à répéter, est absent du reste de la série, où l'accent est en effet mis (pensons à cette somme qu'est *Black Museum*) sur les divers pièges banals du quotidien, qui ont contribué à exacerber la crise de l'humanisme.

Le modèle de résistance proposé par les amoureuses subversives — initialement deux patientes en phase terminale — est associé à la possibilité de rester en lieu sûr, sous une autre forme, dématérialisée, incorporelle, mais éternelle, post-mortem. Cette dimension est un passé choisi parmi tant d'autres, qui restera immuable, où l'avenir ne pourra être saccagé.

L'amour et l'hédonisme qui triomphent dans la réalité de San Junipero constituent une dévotion à un présent éternel, mais congelé dans une parenthèse circonscrite du passé. Un méli-mélo temporel, un tourment existentiel à la Mark Fisher, dont l'influence, bien qu'aléatoire, ne peut rester méconnue. En effet, Yorkie et Kelly, selon le cadre proposé par Fisher pour décrire la génération X, « semblaient être dans un état d'"hédonie dépressive". La dépression est caractérisée habituellement comme un état d'anhédonie. Or, l'affection à laquelle je fais ici référence n'est pas une incapacité à éprouver du plaisir, mais bien une incapacité à faire *tout autre* chose que rechercher le plaisir[11]. »

Les deux amantes de *San Junipero* se courent après d'une décennie à l'autre, jouant à cache-cache avec les fragments de la fin du siècle, ces éclats clairs et visibles, néons, jeux vidéo, tubes dansants, styles vestimentaires qui résistent à une fragmentation supplémentaire pour affronter, avec leur portée symbolique, le présent desséché par l'intégration des médias et par les machines.

C'est à *San Junipero* et à *Bandersnatch* que sont confiés, de manière servile, les fétiches d'un âge d'or à se rappeler à l'avenir ; ainsi se présentent-ils comme *revival* marqué par un facteur de rétromanie[12]. On dirait qu'après de nombreux épisodes — dont *Retour sur image*, avec son épilogue qui compte parmi les plus tragiques, car il montre un quotidien érotique très plausible et touchant —, ils manifestent le désir d'offrir la seule rédemption (satisfaite) par rapport au contexte actuel, si nuisible et hostile aux humains qu'ils sont privés de leurs souvenirs.

L'architecture générale des saisons de Charlie Brooker — et plus largement de Netflix — manœuvre le temps, qui se convertit en espace, en manière d'habitat (le réseau, l'au-delà, une époque révolue, un jeu vidéo) : l'intention manifeste est de nous rapprocher de l'humanité perdue puis de nous suggérer un refuge dans un repli du passé, lorsque le posthumanisme n'était encore qu'un mot sur les lèvres de quelques philosophes, penseurs, nerds et performeurs.

Antonio Caronia, dans une note de la dernière édition de son essai sur le cyborg, reconstruit l'histoire de la notion de « posthumanisme », qu'il fait remonter à

11. M. Fisher, *Le réalisme capitaliste. N'y a-t-il pas d'alternative ?*, p. 29.
12. S. Reynolds, *Rétromania*.

une exposition de 1992 au musée d'Art contemporain de Lausanne, intitulée *Post Human*. Il ne manque pas de souligner que les diverses tensions qui ont animé le débat autour de ce sujet, de fait un des aspects du postmodernisme, sont issues du seul trait distinctif de la nature humaine, à savoir « sa ductilité extrême et variable, son ouverture au possible, sa vocation relationnelle et hybridative[13] ». Ajoutons que cette nature voit dans le jeu, dans l'entretien infini, des déclinaisons valables des façons d'imaginer l'avenir, de planifier l'évolution, de représenter « comment ce serait si », en figurant des immersions dans des réalités inconnues.

Le passé auquel se réfère *Black Mirror* à l'aube du vingt et unième siècle offre avant tout une méthode pour réinvestir sa mémoire. Dans *Blade Runner* (1982) déjà, les souvenirs formaient un dispositif générateur d'identité sur une fausse base, celle d'un mécanisme qui permettait aux androïdes de se sentir humains, alors que les photographies censées certifier leur passé provenaient en fait de réminiscences d'autres personnes insérées dans leur système. Contrairement aux personnes qui dînent en compagnie de Liam et de Fiona (*Retour sur image*), nous ne pouvons désormais plus nous réapproprier nos souvenirs : il est devenu plus simple de prendre possession de ceux des autres, de les faire littéralement siens, en les regardant, zoomant, sauvegardant, pénétrant, sodomisant, découpant, transmettant à d'autres… Dans l'architecture de *Black Mirror*, pour sortir de cette condition posthumaine, il faut mourir, se supprimer des médias, des réseaux sociaux et des dispositifs conçus pour retrouver le présent enregistré dans des fichiers image, audio ou texte. C'est ce que décrivent les événements angoissants

13. A. Caronia, *Il Cyborg*, p. 146.

de *Blanc comme neige*, de *Chute libre*, d'*Archange* et même de *Bientôt de retour*, qui font allusion à ces tendances contemporaines les plus féroces et les plus paradoxales qu'on nomme *call-out culture, outrage culture* et surtout *cancel culture*[14].

L'autre hypothèse mise en scène par Brooker implique d'habiter un passé où cette phase n'a pas encore commencé. Cependant, on ne peut habiter le passé : croire que c'est possible équivaut à fuir le présent et donc, comme on peut l'imaginer, se soustraire, s'effacer et dissiper le genre humain. Laissons la parole à l'écrivain : « Crisópolis est vide. Ordonnée, tranquille, dans les rues, dans les places, sur les quais comme au centre [...], mais vide. Combien étaient-ils ? [J]e continue à me les imaginer enfuis, en réalité ils ne se sont pas enfuis, comme les gens de Pompéi. Pas plus qu'ils n'ont été réduits en cendre, comme ceux d'Hiroshima. Ils s'en sont allés d'une autre façon. Enlevés. Extraits, forcés à sortir de leur maison et de sièges divers. De leur corps, peut-être. [...] La ville est intacte. [...] Reste ce qui est organique et vivant, mais non humain[15]. »

Comment le récit sériel surmonte-t-il la dissipation, autrement dit la disparition soudaine de l'humain tel que nous le connaissons ? L'intrigue suggère en effet que ce dernier n'est plus là selon sa nature, car il a commencé, en entrant en relation avec les machines et les systèmes de communication algorithmique, à pratiquer une logique binaire qui l'a éloigné des langages non verbaux à degré sémiosique élevé. La terre demeure sans lui, il est rem-

14. Sur ces sujets, voir D. E. Anderson, *Problematic : How toxic callout culture is destroying feminism* ; M. Bérubé, « The way we review now » ; D. Brooks, « The cruelty of Call-Out Culture » ; J. E. Bromwich, « Everyone is canceled ».

15. G. Morselli, *Dissipatio H. G.*, p. 11-12.

placé par des créatures qu'on pourrait définir comme posthumaines, « à la *Black Mirror* » ou emprisonnées dans *Black Mirror*, tel le personnage interprété par Miley Cyrus (*Rachel, Jack and Ashley Too*). Est-il plausible de conjurer la dissipation de l'humanité ? Blanchot, qui a consacré une si grande partie de sa pensée au « jeu insensé d'écrire[16] », estime que le sens de celui-ci réside dans l'annihilation de l'objet décrit et raconté, lorsque s'active un rapport de liberté avec la mort.

Est-ce la raison pour laquelle les personnages de *Black Mirror*, à part le couple de filles de *San Junipero*, nous inspirent trouble et malaise, mais pas empathie ? Peut-être, une fois évacuée la part réduite d'humanité qui les distingue, nous lions-nous plus directement avec leur nature posthumaine — celle, par exemple, de Kenny dans *Tais-toi et danse*.

Dans *Black Mirror*, le jeu et l'absurdité humaine sont rigoureusement appliqués en tant que dispositifs destinés à déclencher l'expérience du voyage du spectateur en lui fournissant des clés et des indices étrangers aux parcours normaux d'une telle recherche : c'est à travers cet inventaire métanarratif, généré par des formes sophistiquées d'écriture, que nous jouons nous aussi. Prenons *Bandersnatch* : la méthode d'élaboration du scénario est de fait incorporée dans un outil *open source* pour la fiction interactive, Twine, aussi utilisé pour programmer des jeux vidéo. La complexité, le choix et l'alternance d'innombrables possibilités de l'intrigue, avec un finale limité à cinq versions acceptables, rendent en effet un vibrant hommage au monde du *gaming*. Brooker a en quelque sorte emprunté le sillon d'un genre cinémato-

16. La formule de Stéphane Mallarmé qu'il a placée en exergue à l'*Entretien infini*.

graphique résolument de niche mais au niveau élevé de culte, celui du documentaire sur la reconstruction de la culture vidéo-ludique.

Un essai très détaillé de l'*Italian Journal of Game Studies* analyse les intrigues, l'esthétique et les stratégies énonciatives mobilisées pour conserver des traces d'un objet complexe ; son auteur, Alex C. Cline, tente d'englober tous ses aspects, de la production à la *game culture*, des anecdotes qui fondent son imaginaire aux médias à travers lesquels il prend forme, en passant systématiquement en revue les films et les documentaires sur les jeux vidéo et la culture vidéo-ludique[17]. Ce type d'opération vouée à conserver jalousement les fétiches de cet univers répond au désir de sauver de l'oubli, une fois que les dispositifs (machines, consoles…) sont devenus obsolètes, leur pendant imaginaire en termes de graphisme et de contenus. Il s'agit, en somme, de continuer à vivre le jeu même si l'on ne peut plus y accéder grâce au bouton magique « play ».

Impossible en effet de ne pas remarquer que le niveau « méta » à la base de *Bandersnatch* est en soi le mécanisme sur lequel se fonde toute la série télévisée anglaise, déclenchant des homologies profondes liées à d'autres dimensions, des systèmes, des messages subliminaux qui, dès la première vision, sont captés sans que la mise en scène se transforme en conférence sur les *media studies*.

---

17. A. C. Cline, « Documentary film and the (re)production of the 1980s UK game computer industry » ; parmi les œuvres citées comme fondamentales, outre le documentaire de *Commercial Breaks* (1984) pour la BBC, dont nous avons parlé, citons *From Bedrooms to Billions* (2014) et *Micro Men* (2009).

Déréaliser le réel : les *easter eggs* au-delà de la physique quantique

Du premier épisode, *L'hymne national*, à *La chasse* en passant par *Bandersnatch*, les miroirs, les écrans et les brèves pannes fulgurantes qui les affectent sont la ponctuation invitant le spectateur à conférer un sens métaphorique plus large au récit. Le miroir du générique et ses incarnations dans les écrans de diverses typologies participent du mécanisme d'une hyper-narration aux multiples niveaux interprétatifs variables selon la forme d'implication du spectateur, de la plus empathique, liée à l'intrigue, aux plus méta- et hyper-sérielles[18], capables de porter le scénario au-delà du produit audiovisuel et d'offrir au public le frisson de vivre dans son quotidien les réalités de *Black Mirror*.

C'est Brooker lui-même, interviewé avec la productrice Annabel Jones, qui affirme qu'il n'existe pas d'univers *Black Mirror*, mais plutôt un multivers semblable à celui déployé dans le film *Spider-Man : Into the Spider-Verse*, qu'il apprécie particulièrement : « Un univers *Black Mirror*. Eh bien, vous savez quoi ? Vous voyez ce qu'on a fait ici, parce que, pour Tuckersoft, les gens disent souvent, "c'est la même compagnie que TCKR dans *San Junipero* ?" Oui, je crois que c'est le cas. Mais on gagne sur tous les tableaux parce que, comme le dit Colin, dans *Bandersnatch*, il y a plusieurs réalités différentes qui coexistent. Alors on a un multivers *Black Mirror* partagé, voilà ce que je dis, où on peut faire tout ce qui nous chante. C'est comme dans le film de Spider-Man qui est sorti il n'y a pas longtemps, *Spider-Verse* — qui était excellent[19]. »

---

18. C. Attimonelli, « Hyperserial ».

19. C. Brooker, *Charlie Brooker Says There's Not a Black Mirrror Universe — It's a Black Mirror Multiverse.*

À partir du moment où les spectateurs des débuts ont vu le premier ministre menacé par le biais d'une vidéo virale diffusée sur YouTube, une sensation s'est insinuée en eux : ils ne se sont plus sentis en sécurité, contrairement à tous ceux qui fréquentaient les plateformes de partage en ligne sans imaginer l'insondable pouvoir de contrôle qu'elles impliquaient. Le film remonte à 2011. Malgré une inquiétude et un malaise croissants, un certain public a souri en entendant un personnage mentionner Lars Von Trier et le manifeste *Dogma 95*, dont la règle sur l'effet d'authenticité du tournage des scènes.

Après une première saison passionnante est arrivée, avec la férocité d'un coup de poing dans l'estomac, l'histoire grotesque, limite horreur, de Victoria dans *La chasse*, qui, pour la première fois, montrait clairement un *easter egg* aussi indéchiffrable qu'inquiétant : le son perturbant d'interférence — désormais intégré par le public, puisqu'il coïncide avec le rituel du générique[20] — se fait à nouveau entendre au début de l'épisode, mais il est prolongé, enrichi de bandes colorées et associé à d'autres bruits signalant des problèmes de ligne et de chaîne, avant de s'affirmer, net et continu (à quelques rares intermittences près) dans la clarté minimale du noir et blanc, en une seule unité graphique : le glyphe.

Incompréhensible dans son apparition, et donc plus inquiétant, le glyphe se matérialise, vacillant, sur les écrans d'ordinateur ou de télévision chaque fois que Victoria se réveille et doit revivre sa peine. Il apparaît sur les cagoules de ses persécuteurs et aussi, sous forme de tatouage, sur la nuque de son partenaire, auteur du meurtre de la petite fille, qui s'est suicidé pour ne pas

---

20. C. Attimonelli, *Stratégie et bondage du générique : socio-sémiotique de la sérialité audiovisuelle.*

Glyphe

encourir la même punition. L'ours en peluche blanc, symbole de la recherche de la fillette enlevée et tuée par le couple, donne son nom à l'épisode. Mais il faudra attendre la fin de 2018, avec *Bandersnatch*, pour comprendre pleinement le sens du contrôle, du libre arbitre, de la manipulation, de la torture et du châtiment.

Dans *Bandersnatch*, tant le glyphe de la bifurcation des choix que le dangereux lion hallucinogène et le monstre infâme qui donne son nom au jeu et au film font référence à d'autres herméneutiques pour pénétrer certains lieux mystérieux de la série. N'oublions pas que le traumatisme d'enfance de Stefan tourne autour d'un autre petit animal aux connotations très littéraires, le lapin — même s'il s'agit ici de sa version en peluche. Lorsque son père le lui confisque, son désespoir cause le retard de sa mère, qui est contrainte de prendre le train suivant, lequel déraille : sa mort, pourtant accidentelle, devient le fardeau de Stefan.

Il est clair depuis le début que *Bandersnatch*[21] partage des éléments pertinents avec les histoires d'*À travers le miroir*. Tout d'abord, le titre, qui est aussi le nom du roman et du jeu, reprend celui d'une créature monstrueuse dans le poème absurde du premier chapitre du roman de Carroll, devenu emblématique pour expliquer littérairement la pratique du non-sens[22] :

> *Jabberwocky*
> « Prends garde au Jabberwock, mon fils !
> À sa gueule qui mord, à ses griffes qui happent ! »
> Gare l'oiseau Jubjube, et laisse
> En paix le frumieux Bandersnatch !
> Une, deux ! Une, deux ! D'outre en outre !
> Le glaive vorpalin virevolte, flac-vlan !
> Il terrasse le monstre, et, brandissant sa tête,
> Il s'en retourne galomphant.
>
> « Tu as donc tué le Jabberwock !
> Dans mes bras, mon fils rayonnois ! »

Avant que Stefan puisse tuer ses monstres, il se rend compte, dans un de ses parcours, qu'il fait partie d'un programme de divertissement sériel du futur ; tout devient encore plus métamédiatique[23], l'horreur cède

21. Parmi les curieuses transmigrations de la créature nommée Bandersnatch, mentionnons sa présence dans le jeu *Final Fantasy V*, où elle apparaît avec les caractéristiques mentionnées par Carroll : là aussi, c'est un ennemi aux traits léonins, mais il n'est pas dit qu'on le rencontre, car il n'est visible que dans certains parcours.

22. Le nom lui-même de la créature a fait l'objet de traductions diverses ; l'édition française à laquelle nous faisons ici référence, dans la traduction d'Henri Parisot, le renomme Jabberwock. L. Carroll, *De l'autre côté du miroir*, p. 268.

23. Nous adoptons ce syntagme d'expérience métamédiatique selon l'intuition de F. Mastrovito, qui soutient que « *Black Mirror* s'anime

le pas à des formes radicales de divertissement, où celui qui divertit est retenu par et dans des sens multiples qu'il peut seulement effleurer, et non saisir. « Cela semble très joli », dit-elle quand elle a terminé la lecture, « mais c'est rudement difficile à assimiler ! [...] Je ne sais pourquoi, j'ai l'impression que cela me remplit la tête de toute sorte d'idées... J'ignore malheureusement quelles sont ces idées ! Pourtant, *quelqu'un* a tué quelque chose : c'est ce qu'il y a de clair là-dedans, en tout cas[24]. »

Les interférences en tant qu'anticipations : le temps d'*Interstellar*

Chaque épisode de *Black Mirror* semble issu des perturbantes interférences du générique, qui exercent leur pression sur le présent et laissent présager un avenir proche boursouflé de dissonances inéluctables. Ces altérations ne concernent pas que l'espace et le temps, mais aussi la mémoire, l'identité, la proprioception, le corps, la vue, le contrôle, la fatigue, la peur, le sens de la limite et celui de la vie privée.

En se superposant aux signaux de l'ère électrique, la surface brillante fait référence aux reflets numériques d'un monde extérieur qu'on voit identique mais inversé, parfois déformé, emprunté au futur — en apparence seulement — et bien plus souvent introverti dans sa repré-

d'une vision réfléchie précisément issue du métarécit de l'expérience médiatique, qui se mue ainsi en expérience métamédiatique [...]. Le terme métamédiatique ici utilisé se réfère à la fonction métalinguistique du modèle de Roman Jakobson, typique des manuels de grammaire, où c'est le code lui-même qui parle du code » (F. Mastrovito, *Black Mirror : superamento dei canoni mediali nell'antologia dell'inquietudine*, p. 7-8).

24. L. Carroll, *De l'autre côté du miroir*, p. 269.

sentation cinématographique. La question sur l'avenir est pressante, mais mal posée, sinon négligée. Dans le sillage des réflexions de Mark Fisher, chaque épisode ou presque semble plutôt demander quel passé nous attend, bloqués que nous sommes dans une spirale de futurs jamais advenus. Même dans les plus visionnaires d'entre eux, il n'y a pas moyen de se mesurer à l'avenir, puisqu'il est issu des matrices des perversions de la technique, ainsi que des rêves (cauchemars) de la science-fiction.

L'afrofuturisme[25] et les *Fridays for Future* de Greta Thunberg nous confrontent, quoique de façon cryptique, embrouillée, visionnaire, militante et insensée[26], avec un ordre du discours sur le futur qui ne dépend pas du passé ou qui tranche les liens avec la tradition et son patrimoine, écartant les visions de l'avenir qui étaient le fruit des valeurs de la modernité, mûri en des temps reculés.

Si elle avait tenté la même opération, la série ne serait pas devenue ce qu'elle est, car ce qu'elle raconte est un présent, celui d'aujourd'hui, où le lien forcé qui nous unit aux machines perdure, mais selon des modalités de plus en plus urgentes et inéluctables. On pourrait imaginer que les saisons de *Black Mirror* sont des cassettes vidéo cachées dans la mallette du représentant de la société Hiroshima Video qui rend visite à Max Renn pour lui vendre le programme *Videodrome*. Comme Renn ne veut voir que le dernier des épisodes — « Show me the last one. Number 13 », dit-il à l'homme qui le dévisage, incrédule —, trente années s'écouleront avant que les autres soient exhumés et, pourquoi pas, achetés par Netflix. Au moyen

25. C. Attimonelli, *Techno. Ritmi afrofuturisti*.

26. Nous faisons référence à l'acception du terme « insensé » inspirée par l'essai de G. McKay, *Senseless Acts of Beauty : Cultures of Resistance since the Sixties*, où nous trouvons un élan hédoniste orienté vers un investissement sur l'avenir qui ne soit pas un projet politique.

d'un bricolage sémantique artificiel qui rend accessible la coexistence de plusieurs niveaux de réalité, comme l'explique Colin dans son long monologue de possédé, on pourrait comprendre ainsi le dialogue entre Stefan et les êtres du futur qui communiquent avec lui par l'écran de son ordinateur : comme *Videodrome* est arrivé en Europe en 1983 et que l'histoire de *Bandersnatch* se déroule en 1984, l'Église cathodique est certainement encore en activité, Renn s'est donné la mort pour laisser la place à la Nouvelle Chair et Netflix remplace O'Blivion sur l'écran palpitant, dans l'espoir de conjurer un avenir dystopique, puisque le professeur a échoué, n'a pas été écouté : « O'Blivion — La bataille pour l'esprit d'Amérique du Nord sera menée dans l'arène vidéo, le vidéodrome. L'écran de télévision est la rétine de l'œil de l'esprit, donc l'écran de télévision fait partie de la structure physique du cerveau, donc tout ce qui apparaît sur l'écran de télévision émerge comme expérience brute pour ceux qui le regardent, donc la télévision est la réalité, et la réalité est moins que la télévision (Videodrome). »

En effet, après son échange avec le programme qui mentionne Netflix, Stefan tente de rapporter fidèlement les faits à son analyste et lui donne cette explication : « C'est une sorte de truc de divertissement du futur » (*Bandersnatch*). Difficile d'établir si l'on peut juger dépassée la condition apocalyptique que craignait Cronenberg, en vertu de l'acceptation d'une vision du présent marquée par le divertissement et par l'approche vidéo-ludique. Stefan, comme Max Renn, succombe sans aucun doute à la vision de la réalité brute éprouvée devant l'écran, au point que les trente-cinq ans qui séparent les deux œuvres deviennent fictifs, car elles partagent des décors et des paranoïas analogues et se trouvent sur la même courbe spatiotemporelle.

« L'amour est la seule chose que nous soyons capables de percevoir… qui transcende les dimensions du temps et de l'espace. Peut-être devrions-nous nous fier à cela, même si nous ne pouvons pas encore le comprendre » (*Interstellaire*). En effet, ce n'est certes pas l'amour qui guide les personnages dans leurs choix, comme le suggère Nolan dans *Interstellaire* en recourant à la physique quantique ; d'autre part, le libre arbitre ne fonctionne pas dans *Black Mirror*, nous devons choisir la folie pour Stefan, la mort pour Colin et pour son père. Sinon, l'histoire ne tient pas, alors que le choix exige que l'on procède avec solennité et passion.

Chapitre 4
Shut Up and Dance (Tais-toi et danse)
Le sacrifice et la nouvelle chair

Le musée, la mort et le crime parfait

Black Mirror est le rideau de ténèbres qui congédie l'humanisme. Son regard lugubre reflète le malheur de l'homme moderne et le regret de ce qu'il n'est plus, de tout ce qu'il a perdu : l'autonomie, le pouvoir d'agir sur autrui, une position privilégiée dans le monde, c'est-à-dire au centre, comme l'indiquait Léonard de Vinci en 1490 dans son célèbre *Homme de Vitruve*. Ce qui reste du sujet qui a dominé le monde, de la Renaissance aux guerres mondiales, se trouve maintenant, tel Dante au seuil de l'enfer, dans une forêt obscure, car la voie droite est perdue — la voie de la raison, la force de la raison.

La voie droite, désormais derrière nous, a été tracée et construite au cours d'une histoire longue de plusieurs siècles, dans une sorte de tension dont notre culture a tiré sa sève. Sa raison d'être, à partir des racines judéo-chrétiennes de l'Occident, était son orientation vers les « splendides destins et les progrès » (G. Leopardi), les paradis célestes promis par les religions monothéistes ou les paradis terrestres annoncés, avec diverses modulations, par les idéologies matérialistes (communisme, socialisme, capitalisme...). En 1979, Jean-François Lyotard a décrété le crépuscule de cette phase au moyen d'une formule célèbre: «la fin des grands récits[1]». Avant lui, Walter Benjamin, flânant parmi les passages parisiens et posant sur eux ce regard clinique aiguisé par sa thèse de philosophie de l'histoire et d'autres écrits visionnaires, y décelait déjà la dégradation des idées, des fétiches et des fantasmagories du dix-neuvième siècle. Il avait déjà décelé dans certains fragments de son époque la ruine des mondes du rêve qui l'avaient précédée.

Black Mirror est la translation des décombres dans un autre monde, un monde qui ne nous appartient plus. C'est le post-scriptum le plus apocalyptique de tous les grands récits occidentaux, l'*after* sans fête des idéologies, la transmutation du messianisme dans un horizon sans autre messie qu'un système techno-algorithmique glacial détaché de la raison humaine.

Si tout salut disparaît de notre horizon, puisque demain pourrait nous être étranger, ou nous voir comme étrangers, il ne nous reste plus qu'à habiter un présent dystopique. C'est le dernier récit possible, qui nous incite même à le contempler, comme en proie à un enchantement du désenchantement, au sein du désenchantement. Les auteurs et scénaristes de la série ont en quelque sorte réalisé nombre de nos peurs en résolvant pour nous le problème d'avoir à les affronter. Ils nous ont révélé que nous avions perdu la bataille sans avoir eu besoin de la mener. Nous sommes Cooper Redfield (*Phase d'essai*), Liam Foxwell (*Retour sur image*), Sara

1. J.-F. Lyotard, *La condition postmoderne*.

(*Archange*), Stefan Butler (*Bandersnatch*) et Chris (*Smithereens, En mille morceaux*), une fois que nous avons perdu toute marge de manœuvre face à ce qui perturbe notre quotidien : la surveillance par des instances menaçantes, la concurrence tous azimuts, la précarité existentielle, la puissance écrasante des machines, la réduction de la liberté et tous les autres principes de réification de la vie humaine.

Game over. Mais la partie est-elle terminée pour de bon, ou avons-nous seulement atteint un nouveau seuil ?

À bien y regarder, tant les conjonctures de *Black Mirror* que celles de notre existence ordinaire semblent feuilleter un nouveau chapitre de l'histoire, qu'on distingue à contrejour parmi les ombres et les reflets du miroir que nous étudions tel un texte d'anthropologie, de sociologie et de philosophie. En ce sens, la série anglaise marque à la fois la clôture d'une époque — du grec *epoké*, parenthèse — et l'ouverture d'une autre. Il ne s'agit plus, comme le disait le premier volet de *2001 : L'Odyssée de l'espace*, de l'« aube de l'humanité » mais de ce qui commence à luire après le crépuscule de l'humanisme.

Les aurores numériques sont les lueurs bariolées qui s'épanouissent dans les jeux, les danses et les convulsions du clair-obscur, ce qui est en train de surgir en deçà et au-delà de nous et de ce que nous avons été jusqu'à présent.

Le déplacement de la fiction à la réalité, de *Black Mirror* à notre vie quotidienne, nous incite peut-être moins à déceler autour de nous les ruines de ce qui fut qu'à tenter de distinguer, de comprendre et même d'accompagner la nouveauté en train d'y éclore, même si elle ne nous plaît pas et nous perturbe. Pour ce faire, ne convient-il pas de changer de point de vue sur le contemporain, autrement dit de congédier notre *stock of knowledge*[2] pour vivre le présent selon des canons mieux adaptés ?

Nous franchissons un seuil crucial. Diverses métaphores peuvent expliciter ce changement de paradigme et de culture en tant qu'étape problématique : crise, apocalypse, décadence, coucher du soleil, catastrophe, fin… Comme toujours dans le domaine des grandes mutations historiques, anthropologiques et sociologiques, les violences, les monstres, les actes de barbarie et tout ce qu'on peut ramener à l'abominable et à l'obscène scandent le mouvement du passé au futur. C'est pourquoi nous sommes tous, d'une certaine façon, impliqués en tant que spectateurs et qu'acteurs dans la visite au *Black Museum* de Nish. Comme elle, nous assistons abasourdis aux effets pervers des idéaux et des sciences qui ont façonné notre culture, nous les parcourons l'un après l'autre, en souffrant à chaque fois. En y regardant de plus près, l'auteur et le réalisateur de l'épisode en question, Charlie Brooker et Colm McCarthy, nous invitent d'abord à nous identifier à la protagoniste, à compatir, puis à la suivre et à imiter son exemple. Il s'agit de regarder en face un spectacle aveuglant et douloureux fait de désillusions, de trahisons et de tortures. Nous n'avons pas affaire ici à un récit abstrait, mais à ce qu'ont subi nos propres corps, paysages et imaginaires. Plus précisément, la tragédie humaine vécue par le père de Nish est un trait d'union entre le destin fatal de la technoscience occidentale et le nôtre, *hic et nunc*.

Le docteur Rolo Haynes, un neurologue sans scrupules, a pratiqué des expériences technoscientifiques sur des médecins et des patients, destinées à brouiller tant les

2. A. Schütz, *Le chercheur et le quotidien*.

frontières entre la vie et la mort que celles entre l'individu et autrui. Licencié pour conduite immorale, il inaugure un espace d'exposition consacré à d'« authentiques pièces de criminologie », où l'innovation scientifique entraîne des mutations de l'être humain tout en lui infligeant des souffrances, en le violentant. Les interventions de ce néodocteur Frankenstein consistent en particulier à modifier le cadre psychobiologique de ses patients, d'une part, en externalisant leur conscience, d'autre part, en violant leur intimité par l'implant de psychotechnologies en mesure de contrôler puis d'altérer leur comportement. Nish, la jeune visiteuse à laquelle le scénario a symptomatiquement attribué une peau noire, assiste atterrée à ce spectacle atroce.

Le sadisme macabre des attractions croît peu à peu jusqu'au point culminant, la dernière pièce, où est emprisonné et torturé l'hologramme de Clayton Leigh, le père de la protagoniste. Rolo Haynes a acheté sa conscience en échange d'une somme d'argent destinée à sa famille avant qu'il subisse, à la suite d'une sentence douteuse des magistrats, la peine de mort sur la chaise électrique. Il constitue désormais l'attraction la plus excitante du musée, avec une option supplémentaire : les visiteurs peuvent s'amuser à infliger des décharges électriques à la victime et immortaliser sa douleur dans une photo-souvenir personnalisée.

Le macabre se mue en ludique, la douleur en œuvre d'art, la torture en offre touristique, comme l'anticipait d'ailleurs déjà la punition complexe et le calvaire du protagoniste de *La chasse* : la technoscience occidentale s'est élevée au rang d'esthétique traumatique spectaculaire. Pour décliner des thèmes aussi sensibles, le scénario de *Black Museum* mobilise un puissant arsenal de figures, de personnages et de métaphores : par exemple les Noirs, sacrifiés au cours des nombreux génocides et abus perpétrés sur eux par le colonialisme; la technoscience, promesse d'émancipation devenue par la suite instrument de dévastation; le musée, gardien par excellence du bon, du beau et du vrai, mais aussi agent ou *medium* habilité à objectiver et à cataloguer la beauté en la soustrayant au monde pour la transformer en propagande du pouvoir-savoir établi. Cette thématique préfigure une double méta-narration : *Black Mirror* est le musée noir de notre époque et Nish, l'avatar du spectateur, c'est-à-dire nous-mêmes tandis que nous assistons, glacés d'horreur, à cette foire inédite aux atrocités[3].

> Nish — C'est quoi, tous ces machins ?
> Rolo Haynes — D'authentiques pièces de criminologie. Toutes celles qui ont fait du mal ont des chances de se trouver là. Baladez-vous, prenez votre temps, voyez ce qui vous interpelle. Si quelque chose pique votre curiosité, je peux vous en parler. La plupart des objets ici cachent une histoire sale et triste. Comme le clou du musée, là. (…) Bon, alors, prenez votre temps.
> N. — J'y compte bien. Ces trucs ont l'air technologique (*Black Museum*).

Le musée, fer de lance des temps modernes, est un des lieux les plus controversés de notre culture. À l'époque hellénistique, déjà, sa fonction d'isolement, de conservation et d'exposition du beau, qu'il séparait de tout le reste, reposait sur le postulat que tout ce qui se trouvait à l'extérieur de ses murs était moins noble que ce qu'il renfermait. Au cours des derniers siècles, il s'est distingué comme le lieu par excellence voué à la disjonction entre l'art et le quotidien, le patrimoine

3. Voir J. Ballard, *La foire aux atrocités*.

culturel et la vie ordinaire, les cultures supérieure et inférieure. Le pèlerinage que le public consacre à cette institution et à tous ses dérivés répond à un processus ambigu, car ils associent l'éducation des masses à leur gratification esthétique, autrement dit subliment l'intégration sociale par le plaisir. En effet, le véritable prix payé par le visiteur pour y accéder — il n'est pas question ici du billet d'entrée — correspond à ce qu'il cède de lui-même en s'en remettant à l'ordre symbolique et physique de l'espace muséal, en s'assujettissant au paradigme politique qui le préside.

Ceux qui exposent l'art et ceux qui l'admirent sont les pôles d'une dialectique permanente où se joue la réversibilité entre le don de la beauté par les artistes, les conservateurs, les politiciens et les autres représentants du secteur et le contre-don du public en termes d'adhésion au système qui la sélectionne, la conserve et la dispense. De façon encore plus marquée, la contemplation de l'œuvre favorise une reddition de l'observateur, du corps social, par rapport à l'espace d'exposition, à ses gardiens et agents. Une preuve d'humilité de la vie quotidienne face à ce qui la transcende. Ce n'est pas un hasard si la grammaire des expositions exige du corps une tenue impeccable et une stricte régulation de l'instinct et des pulsions : silence, distance par rapport à l'œuvre, respect, comportements dignes…

À l'apogée de son fonctionnement, le système muséal vit sans cesse aux dépens du réel, de la vie nue et du quotidien. Le résultat de chaque exposition est toujours, d'une certaine façon, un crime parfait.

Black Museum est le musée à l'état le plus sincère et le plus paroxystique qui soit. Il radicalise la mission accomplie par les divers musées de l'homme du début du vingtième siècle en exposant et en cataloguant les razzias menées par les Occidentaux dans les pays colonisés[4], il perpétue la tradition des *freak shows* et actualise les différents harems coloniaux[5] ainsi que les expériences nazies sur les corps traités comme cobayes[6]. Le manège esthétique dirigé par le docteur Haynes cristallise le crime perpétré contre les subalternes pour en faire une arme de divertissement de masse, traduisant la destruction en distraction dans son laboratoire de terreur. Sa main opère au nom de la technoscience avec la complicité des dispositifs esthétiques : un geste analogue à celui accompli par les élites du système artistique, qui arrachent la beauté des champs où elle germe et des espaces du vécu pour l'enfermer dans les forteresses muséales, l'avilissant ainsi au nom de sa sauvegarde et de son exposition. Dans les deux cas, il s'agit de tuer et d'immortaliser au nom de la politique, de l'art et du plaisir. Tuer et immortaliser : deux faces de la même médaille.

Étincelles et dérives des temps modernes

L'histoire que nous explorons s'est développée, nous l'avons déjà évoqué, entre la première moitié du dix-huitième et celle de dix-neuvième. Dans ce laps de temps, l'avènement des grandes expositions universelles et la multiplication des cafés londoniens, des passages parisiens, des vitrines et des grands magasins dans les métropoles européennes ont pour la première fois placé sous les feux de la rampe des figures considérées comme profanes,

---

4. J. Clifford, *Malaise dans la culture : L'ethnographie, la littérature et l'art au XXe siècle.*

5. M. Alloula, *Le Harem colonial, images d'un sous-érotisme* ; Collectif, *Sexe, race & colonies. La domination des corps du XVe siècle à nos jours.*

6. R. Esposito, *Bìos. Biopolitica e filosofia.*

voire vulgaires, issues de bourgades ou de l'ombre des masses[7]. S'avancent sur scène des sujets en mesure de prendre la parole et d'affirmer leur voix, des observateurs curieux et des observés spéciaux. C'est de là que provient ce fétichisme du public, la base et le sommet de la culture contemporaine, qui s'incarne aujourd'hui dans des types tels le youtubeur, l'influenceur, le *streamer*, le *net activist*, le *cosplayer*, le *tiktokeur* et tous les autres masques brouillant la frontière traditionnelle entre auteur et destinataire, production et consommation, œuvres et gens ordinaires.

C'est dans le sillage de ces vibrants débuts, des années 1850 à la fin du vingtième siècle — d'Oscar Wilde et William Morris à Andy Warhol en passant par Friedrich Nietzsche et Walter Benjamin, les dadaïstes, Marcel Duchamp, les surréalistes, les situationnistes et le punk, pour arriver à la culture électronique —, qu'a été induit et accueilli un processus généralisé d'esthétisation du public visant à inverser la relation entre art et masses en hommage à ces dernières[8], véritables étincelles des temps modernes, d'abord forces motrices de l'histoire, avant qu'elles ne deviennent elles-mêmes l'histoire[9].

Les divers dispositifs typiques de la vie métropolitaine et de ses extensions médiatiques ont favorisé la traduction progressive du quotidien et même du trivial de l'autre côté des écrans, des cadres et des vitrines, ainsi que l'amalgame entre ces deux dimensions, dans un carambolage aussi spectaculaire que lourd de conséquences. Parmi celles-ci, la première et la plus

---

7. Voir S. Kracauer, *L'ornement de la masse.*

8. Voir A. Abruzzese, *Forme estetiche e società di massa*; M. Calvesi, *Avanguardia di massa. Compaiono gli indiani metropolitani.*

9. Voir V. Susca, *Les affinités connectives.*

importante — encore plus que la démocratisation de la politique — est l'esthétisation des masses, que nous avons été habitués à interpréter comme leur émancipation définitive, comme un affranchissement de la culture basse par rapport à la culture haute. Sa longue vague, à y regarder de plus près, nous conduit des bavardages des cafés, précurseurs de l'opinion publique bourgeoise[10], aux tchats de Telegram et aux dialogues de Twitter, des premières photographies de gens ordinaires pendant la seconde moitié du dix-neuvième siècle à la célébration du quotidien sur Instagram, de la représentation de femmes et d'« hommes sans qualité[11] » comme figurants dans le Hollywood des années 1930 aux *stories* de Snapchat et aux trends de Tik Tok. Il s'agit en fait, que le résultat plaise ou pas, du devenir-œuvre du public, une dynamique dont *Black Mirror* révèle l'accomplissement inattendu, les passages obscurs et les effets pervers.

S'il est vrai que nous avons atteint le stade où notre vie est le contenu le plus précieux de l'économie-monde actuelle, non plus seulement en tant que force de travail ou capacité à consommer, mais aussi en tant que source d'inspiration, marchandise et canal publicitaire pour chacun de ses domaines névralgiques, nous pourrions soutenir que la série télévisée raconte l'histoire susmentionnée à contrejour, en laissant présager une fin très éloignée du *happy end*, et même une issue désastreuse, que reflète un miroir brisé aux fragments sombres et tranchants : tel est le message latent depuis ses débuts, avec *L'Hymne national* et *15 millions de mérites*, jusqu'à *Black Museum* et *Bandersnatch*. La boucle est bouclée.

---

10. Voir J. Habermas, *L'espace public : archéologie de la publicité comme dimension constitutive de la société bourgeoise.*

11. R. Musil, *L'homme sans qualités.*

Focalisons-nous sur les détails hautement significatifs des processus à l'œuvre en vue d'identifier avec exactitude ce qui s'y est joué.

Les masses ouvrières en pèlerinage vers les grandes expositions universelles, contemplant le résultat de leur travail éreintant, ensorcelées par le fétichisme de la marchandise, ont ressenti pour la première fois dans l'histoire le frisson du thaumaturge : elles se sont senties caressées, dans les effusions d'un rituel ludique et étincelant, par l'impression d'être les protagonistes de ce monde nouveau. Selon Benjamin, les pavillons en question « inaugurent une fantasmagorie à laquelle l'homme se livre pour se laisser distraire. L'industrie du divertissement l'y aide en l'élevant au niveau de marchandise. Il s'abandonne à ses manipulations dans la jouissance de se sentir étranger à lui-même et aux autres[12]. »

D'un seul coup, le système parvient à compenser le sacrifice des travailleurs par quelque chose de plus que le salaire — la puissance d'un imaginaire persuasif —, à étoffer la production grâce à la consommation et à mettre en place l'aliénation des individus pris dans ses mailles en la dissimulant dans le miroitement du « système des objets » (J. Baudrillard), la fête de la marchandise et la foison d'émotions et de rêves éclose parmi les trésors de l'ère industrielle.

Parallèlement, les vitrines traduisent et disséminent le même échange symbolique, avec toutes ses merveilles, dans des zones névralgiques du paysage urbain — un acte à la fois ordinaire, parce qu'habituel, et extraordinaire dans ses effets psychosensoriels. La mise en scène des marchandises à l'aide de l'architecture, du verre et de l'éclairage installe une spécularité fantasmatique

12. W. Benjamin, *Le livre des passages*, p. 310.

entre sujets et objets, qui réifie les premiers et donne vie aux seconds[13]. Ces espaces à haute densité sémantique inaugurent en effet un trajet anthropologique[14], un va-et-vient entre les parties en jeu, au caractère initiatique et aux effets durables. C'est une sorte de bal des masques dont la phase topique, aux limites de la magie, a lieu au moment où le passant distingue, parmi les reflets de l'écran qui le sépare des biens exposés, sa propre image floue qui s'y superpose. Pour être plus précis, la relation examinée consiste en une disjonction physique entre l'observateur et l'objet, à laquelle correspond un élan de l'imagination et du désir — de la personne à la chose et vice versa — au moins aussi impétueux.

La confusion qui s'ensuit est à l'origine de notre monde : c'est le « la » du rêve dont *Black Mirror* voudrait nous réveiller. Selon sa vision totalisante, bien illustrée par des épisodes tels que *15 millions de mérites*, *La chasse* ou *Chute libre*, l'existence contemporaine tout entière a été enveloppée dans une sorte de parc à thème : ce dernier, en contrôlant et en orientant sans cesse ses trames, transcende nos vies et les sacrifie en hommage à une panoplie technologique, scientifique et économique qui a désormais échappé à la raison et au contrôle humains. C'est comme si les murs du Crystal Palace de Londres, où se tenait en 1851 la grande exposition des œuvres industrielles de toutes les nations, s'étaient démesurément étendus[15], au point de devenir invisibles et sans issue : ils dessinent le seul lieu où nous puissions vivre. Leur spectacle, c'est nous, réduits au statut de marchandises,

---

13. Voir M. Perniola, *Le sex-appeal de l'inorganique* ; M. Canevacci, *Antropologia della comunicazione visuale*.

14. G. Durand, *Les structures anthropologiques de l'imaginaire*.

15. Voir P. Sloterdijk, *Le Palais de Cristal. À l'intérieur du capitalisme planétaire*.

corps aseptiques, outils de production et données prévisibles, traçables et programmables.

Marx a identifié dans le travail abstrait des usines, par rapport au travail concret qui le précédait, un levier décisif de l'aliénation du prolétariat[16] ; désormais, dans ces nouveaux paysages, non seulement s'efface la distinction entre temps libre et professionnel, vie privée et publique, mais nous constatons aussi l'abstraction intégrale de chacun des aspects du monde, dissimulée derrière les formules « numérisation », « réalité augmentée », « *smart city* », « *clouds* », « marketing expérientiel », « *Internet of things* »... Comme l'expérimente Bing — autre protagoniste noir de la série — dans *15 millions de mérites*, nous vivons désormais pour alimenter un spectacle sans autre finalité que d'alimenter le spectacle.

Dans l'épisode cité, le travail semble avoir été remplacé par le sport, qui canalise l'énergie du corps social vers le pouvoir établi, le reproduisant dans un cycle monotone et quasi mécanique. Les métaphores choisies par les auteurs pour décliner ce thème sont par ailleurs très évidentes : les habitants de la résidence — un espace indistinct entre l'usine, le jeu vidéo et la téléréalité —, qui font du cycling, alimentent le système où ils vivent et acquièrent en retour des points, *merits*, qui leur permettent d'accéder à des services et, pour les plus zélés, de participer à des concours de talents. Leur regard est constamment tourné vers les différents écrans qui parsèment le territoire et constituent sa limite interne et externe, et leur vie se déroule entre les selles des vélos de salle qui pompent leur effervescence sans les mener nulle part, les zones de passage et des chambres exiguës conçues essentiellement pour des régimes médiatiques,

16. K. Marx, *Le Capital*, vol. I.

autrement dit jusqu'à ce que se consume l'existence même de chaque habitant, devenue œuvre sans œuvre, dans son extension et sa réduction médiatique.

Voilà à quoi ressemble la « mobilisation totale » érigée par Maurizio Ferraris en principe psychoculturel de notre époque. Comme en temps de guerre, selon l'analyse du philosophe italien, nous sommes aujourd'hui tous appelés à nous manifester et à être disponibles, joignables, en mode *on*, prêts à agir et à réagir aux appels et aux flatteries de nouvelles et mystérieuses sirènes représentant la domination contemporaine, les « appareils d'enregistrement et de mobilisation de l'intentionnalité ». « En effet, [p]our la première fois dans l'histoire du monde, nous avons l'absolu dans la poche. Le dispositif, dont le Web est la manifestation la plus évidente, est un empire sur lequel le soleil ne se couche jamais, et le fait d'avoir un smartphone dans la poche signifie à coup sûr avoir le monde en main, mais, automatiquement aussi, être aux mains du monde : à chaque instant pourra arriver une requête et à chaque instant nous serons responsables[17]. »

Être actif, ou interactif, correspondrait ainsi à un état radicalement différent de la *vita activa* souhaitée par Hannah Arendt en référence à l'Athènes de Périclès, entendue comme vie politique de l'homme libre fondée sur l'action (*praxis*) et sur le discours (*lexis*)[18]. Dans notre monde, il s'agit plutôt de destiner notre vitalisme, avec toutes les pulsions, les passions et les émotions qui l'animent, à des schémas préemballés qui ne sont qu'en apparence adaptés à notre sensibilité et visent au contraire à nous amadouer et à neutraliser notre volonté pour nous

17. M. Ferraris, *Mobilisation totale*, p. 17.
18. H. Arendt, *Condition de l'homme moderne*.

mettre au service de la grande machine, afin que nous nous livrions à l'autre le plus inquiétant. C'est le *hic et nunc* de la condition numérique vécue dans la culture contemporaine et déclinée tout au long de la série, comme c'est le cas dans *Haine virtuelle*, *Tais-toi et danse* et *USS Callister*.

> Bing — En achetant de la merde. C'est comme ça qu'on communique, qu'on s'exprime, en achetant de la merde ! Quoi, si j'ai un rêve ? Le sommet de nos rêves, c'est une nouvelle casquette pour notre Dopple, qui n'existe même pas ! Elle n'est même pas là ! On achète de la merde qui n'est même pas là. Mais un truc réel et libre et beau, vous ne pouvez pas nous montrer ça (*15 millions de mérites*).

L'empire invisible

La condition hyperactive où nous nous trouvons et nous agitons, assortie de frénésie et de stress, d'inquiétude, d'anxiété et de fatigue[19], ne renvoie pas à une centralité renouvelée du sujet dans le gouvernement du monde, mais à son asservissement définitif, d'autant plus efficace qu'il est plus volontaire[20], esthétisé et spectaculaire. Les individus impliqués sont amenés à n'être protagonistes de la scène, performatifs et heureux que dans la mesure où leur existence est entièrement consacrée à l'autel d'un empire invisible et capillaire, où ils sont eux-mêmes

19. F. Berardi, *Tueries. Forcenés et suicidaires à l'ère du capitalisme absolu*.

20. Bien que centré sur d'autres questions, le *Discours sur la servitude volontaire* d'Étienne de La Boétie demeure une analyse remarquable pour saisir tant les nœuds cruciaux de la relation entre tyrannie et esclavage que les moyens d'échapper à la servitude, en particulier les pratiques de désobéissance civile et les formes passives de résistance au pouvoir.

transformés en quelque chose d'hybride entre l'œuvre d'art, la marchandise et le spectacle.

Nous sommes tous — nous autres et les personnages de *Black Mirror* — exposés au risque, exposés comme chefs-d'œuvre, objets à contempler, art à exhiber et chair à consommer, *stars* tombées à terre — en *chute libre*. Si paradoxal que cela puisse paraître, l'esthétisation du public ne fait qu'un avec son anéantissement.

Nous vivons dans un musée à ciel ouvert, comme on définit d'ordinaire nos métropoles redessinées par les graffitis, les pochoirs et les tags, traversées par les défilés festifs, colorées par les costumes urbains, secouées par des vibrations musicales et habitées selon des vocations poétiques issues d'en bas, des interstices et du quotidien[21]. En ville comme parmi les mailles de la Toile, nous sommes sous les regards et entre les mains des autres, disponibles, prêts à être observés, manipulés, retouchés, emballés et vendus.

Nous sommes en exposition, nous sommes l'exposition : bons, vrais et beaux tant que nous nous prêtons au jeu en régénérant ses flux, son paradigme et sa structure. Peu importe qu'il ne nous appartienne plus et soit pour nous avare en divertissements et en satisfactions, comme le raconte *Bandersnatch* au moyen de stratégies métanarratives et interactives élaborées.

Stefan Butler, le protagoniste de l'épisode — à la fois le pion entre nos mains et la métaphore de nos vies marquées par l'hétéronomie —, peut atteindre ou pas le succès souhaité en fonction des parcours disponibles

21. Voir F. La Rocca, *La ville dans tous ses états* ; C. Sanmartin Fernandes, M. Herschmann (dir.), *Cidades Musicais. Comunicação, Territorialidade e Política* ; C. Attimonelli, *Techno : Ritmi Afrofuturisti* ; *Les Cahiers européens de l'imaginaire*, « La Rue » ; L. Valeriani, *Performers. Figure del mutamento nell'estetica diffusa.*

choisis par le public, mais ce n'est qu'un détail : ce qui compte vraiment, par rapport à son histoire et au paradigme ludico-narratif qu'il exprime, dans le texte et le métatexte, c'est la persistance du système. Les auteurs de la série sont en ce sens lapidaires : ils accordent au public la touche finale pour intervenir dans le récit et sélectionner son intrigue tout en laissant inaltéré le cadre où il se déroule.

C'est comme si *Black Mirror* — qui, à un certain moment de l'épisode, se livre à un exercice d'auto-ironie et d'auto-critique en citant Netflix, son propre producteur, comme instrument de contrôle de nos vies — révélait la rhétorique sur l'interactivité dans son essence, en tant qu'idéologie, en la dépouillant des illusions qui l'habillent. Selon Slavoj Zizek, il serait d'ailleurs préférable de recourir à une autre expression pour décrire les processus culturels en cause : l'interpassivité, un état où l'altérité l'emporte sur le moi, quand « c'est l'objet lui-même qui prend plaisir au spectacle à ma place[22] ». En effet, le vocabulaire à notre disposition, héritier des structures binaires à la base de la culture moderne, n'est pas en mesure de rendre les nuances du contexte contemporain, entre autres le fait que nous sommes tous à la fois extrêmement actifs et passifs. Comment qualifier, en effet, le créateur de l'épisode susmentionné ? Au fond, il est tant le *deus ex machina* que l'esclave de *Bandersnatch*.

La condition aliénée et frustrante de Stefan, qui dépend des choix des spectateurs, de son père, de sa psychiatre, de la société Tuckersoft, qui l'engage pour programmer un jeu vidéo, ainsi que de l'écrivain Jérôme F. Davies, dont il utilise un roman comme scénario, reflète l'enchaînement sans fil de notre vie connectée, où nous

22. S. Žižek, *La subjectivité à venir*, p. 28-29.

sommes agis avant même d'agir, possédés plus que nous possédons, consommés tandis que nous consommons. D'où l'expansion virale — qui touche des portions croissantes de la population selon diverses modulations — de la paranoïa, du complotisme, de la dépression et d'autres obsessions collectives[23], dont fait du reste partie *Black Mirror*. En voici un exemple frappant tiré de l'épisode en question, où la figure de Philip K. Dick, d'abord évoquée par une affiche en son honneur, semble s'incarner dans la voix du protagoniste, en phase avec les inquiétudes et les angoisses qui serpentent dans la vie quotidienne, entre la rue et la Toile.

> Stefan — Je ne sais plus où donner de la tête. Et je n'arrête pas de faire des rêves très réels. Et de penser des choses bizarres.
>
> Dr. Haynes — Quel genre de choses ?
>
> S. — Du style je perds le contrôle.
>
> Dr. H. — De ?
>
> S. — De n'importe quoi, de petites choses, de petites décisions. Mon petit-déjeuner. La musique que j'écoute. Crier sur papa ou…
>
> Dr. H. — Tu as l'impression de ne pas prendre ces décisions ?
>
> S. — C'est comme si je ne les commandais plus. Comme si quelqu'un d'autre le faisait.
>
> Dr. H. — Tu n'entends pas des voix, ou bien… ?
>
> S. — Pas de voix, mais il y a quelque chose. Je ne sais pas, une impulsion. J'en suis sûr (*Bandersnatch*).

Grâce à une mise en abyme multiple — du sujet, de Stefan et de Netflix —, Charlie Brooker et David Slade,

---

23. Voir G. Lovink, *Networks without a Cause : A Critique of Social Media* ; R. Josset, *Complosphère : L'esprit conspirationniste à l'ère des réseaux sociaux.*

l'auteur et le réalisateur de *Bandersnatch*, dissèquent les nœuds cruciaux de notre époque sur ses versants médiologiques et anthropologiques. Selon leur vision, une fois définitivement abattue toute démarcation entre fiction et vie matérielle, ainsi qu'entre illusion et vérité, la sérialité télévisuelle tend à dominer et à envahir la vie quotidienne[24], à se traduire en vie quotidienne, sous forme de jeu vidéo généralisé qui n'amuse plus mais qui accapare cependant son usager et le tient à sa merci. Ainsi, à une époque postsérielle, nous devenons tous à la fois programmateurs, usagers et protagonistes d'un *game* qui s'est fait vie, marchandise et contenu apparemment préparé par nous mais en réalité cause et effet de notre disparition. En lui, ni la trame narrative ni l'histoire ne comptent plus. L'histoire, c'est nous, mais c'est une histoire qui ne nous appartient plus.

Excursus cinématographique

Le tableau dessiné par *Black Mirror* est sinistre, sombre et désespérant. Sans salut ni rédemption possible, porteur d'angoisse, il ne propose aucune issue hors du labyrinthe où se trouvent ses personnages, spéculaire de celui que nous habitons, ici et maintenant. Acteurs, spectateurs, masques, usagers, figures, consommateurs, créatifs, précaires, déviants, anomiques… nous sommes dans un abîme tragique. Quelle est encore notre marge d'action ? Quelle existence se dessine à l'horizon ?

Au cours des dernières décennies, en radicalisant des interprétations théâtrales, littéraires et comiques

24. À ce sujet, voir aussi F. La Rocca, A. Malagamba, V. Susca (dir.), *Eroi del quotidiano* ; D. Garofalo, *Black Mirror. Memorie dal futuro*.

antérieures, nombre de récits audiovisuels, en particulier cinématographiques, ont mis en scène des conditions apocalyptiques ou en tout cas très graves marquées par des formes plus ou moins flagrantes de tyrannie, en les assortissant de figures en mesure de les saboter, voire de les subvertir. Retraçons certaines des étapes de ce parcours à partir d'exemples emblématiques afin d'encadrer avec précision, dans une perspective généalogique, les thématiques, l'imaginaire et les nœuds névralgiques évoqués jusqu'à présent. Ce qui nous intéresse ici, en particulier, c'est la relation entre les dispositifs de pouvoir et la vie quotidienne, les stratégies de contrôle des premiers et les tactiques de résistance et de recréation de la partie adverse.

Commençons par Jean-Luc Godard, qui a magistralement mis en scène dans *Bande à part* la fuite éperdue de jeunes rebelles s'échappant d'une institution muséale, puissante allégorie de l'intégration sociale par le biais de la séduction esthétique. L'insolente légèreté avec laquelle les protagonistes traversent en courant et en s'esclaffant les salles du Louvre, sans prêter la moindre attention au patrimoine culturel exposé, révèle les premières secousses d'un esprit ludique et indiscipliné, aux veines libertaires, dans son irréductibilité au système artistique. Ce qui était auparavant l'apanage des avant-gardes artistiques, en premier lieu des dadaïstes, des surréalistes, des futuristes et des situationnistes, commence à se répandre dans le corps social, des sous-cultures aux contre-cultures, des tribus aux scènes urbaines. De façon significative, Bernardo Bertolucci rendra hommage à cette séquence en l'imitant dans *Innocents : The Dreamers* pour expliciter les aspects les plus négligés, au-delà et en deçà de la politique, des révoltes de 1968 : érotisme, jeu et fête.

Dans la même veine, *Batman* de Tim Burton confie au plus sardonique des anti-héros, Joker, le plaisir sacrilège d'occuper et de vandaliser, avec l'aide de ses sbires, le principal musée de Gotham City au moyen de sprays secoués contre les œuvres exposées, de danses hip hop et d'attitudes irrévérencieuses envers les célèbres fétiches de l'art moderne. Il n'épargne, avec son éternel sourire diabolique, que *Personnage avec quartier de viande* de Francis Bacon (1954), par empathie envers ce dernier et au nom d'un même esprit tourmenté. Ce qui se manifeste ici, de façon encore plus exorbitante et maladroite que dans la scène précédente, c'est l'inconciliabilité entre la rue et les institutions esthétiques, l'anomie et le pouvoir, la fête et la politique : elle indique à quel point ce qui émane du bas et des marges, avec toute la sensibilité barbare qui l'accompagne, aspire à la dévastation du système au cours de cette phase historique.

Dans *The Truman Show*, Peter Weir souligne et amplifie avec un sarcasme situationniste le passage de relais entre les institutions esthético-politiques et les médias de masse en matière de contrôle et de modelage de l'ordre social. Cette fois, il ne suffira pas au protagoniste d'échapper aux œuvres d'art ou de les défigurer pour soutenir sa vocation existentielle et se libérer des chaînes imposées par le système : il devra d'abord identifier la vie quotidienne où il est plongé — dont font partie sa femme, ses amis et ses voisins — en tant que piège, mise en scène télévisuelle dont il est l'objet inconscient, puis s'en évader. En accord avec toutes les théories critiques de l'industrie culturelle, Truman incarne ici le spectateur subjugué par les sortilèges du petit écran, qui confond l'existence elle-même avec un pâle bien-être matériel et sa riante routine. Seule l'intervention d'une sauveuse et d'un incident technique lui feront ouvrir les yeux sur sa propre aliénation et lui permettront de s'en affranchir au moyen d'une Odyssée au-delà des frontières de la télévision-monde, c'est-à-dire d'une vie prescrite, comme dans la téléréalité, par un scénario médiatique.

Rapprochons-nous de notre époque et du récit que nous avons retenu pour réfléchir sur notre condition : quelques années plus tard, James McTeigue a décliné le thème de la révolte des opprimés contre les pouvoirs totalitaires et dévoilé d'autres facettes pertinentes de la question dans *V pour Vendetta*, une adaptation cinématographique, en modalité *thriller*, de la bande dessinée homonyme signée par Alan Moore et David Lloyd. Le film raconte les exploits de V, un anarchiste marqué à vie par les tortures subies dans un camp de concentration, et d'Evey Hammond, qui est restée seule après le meurtre de ses parents et de son frère par le gouvernement. Leur complicité dans la souffrance, la ruse et le désir de vengeance les conduit à s'opposer au régime établi et à incendier le parlement en fomentant un soulèvement de masse, où chaque rebelle se dépouille de son identité pour porter le masque de V, devenu si célèbre qu'il inspire et symbolise le mouvement Anonymous. Nous avons affaire à un corps-à-corps frontal, violent et fatal entre gouvernants et gouvernés, qui entraîne la mort de V, dont la dépouille est placée par Evey dans un train bourré d'explosifs lancé contre l'ennemi.

L'étape la plus importante du parcours vers *Black Mirror* — et vers nous autres — a été franchie par Lana et Lilly Wachowski dans la trilogie de science-fiction *Matrix*, un tournant historique qui constitue tant un accomplissement philosophique, sociologique et cinématographique que l'archétype d'innombrables trames filmiques, sérielles et sociétales encore actives à l'heure actuelle. Voici comment Morpheus décrit la matrice à Neo dans le premier long métrage de la série :

> [Elle] est partout. Tout autour de nous. Elle nous enveloppe, même dans cette pièce. Tu peux la voir quand tu regardes par la fenêtre ou quand tu allumes la télé… Tu sens sa présence quand tu vas travailler, quand tu vas à l'église, quand tu paies tes impôts. C'est le monde qu'ils ont mis devant tes yeux pour t'empêcher de voir la vérité.

La matrice est notre vie réduite à un simulacre par les machines — d'où la référence explicite à la couverture de *Simulacres et simulations* de Jean Baudrillard, consacré à ce thème, dans le premier acte de la saga. Dans le monde du vingt-troisième siècle, en ruine et privé de lumière solaire, des êtres humains sont en lutte contre des systèmes d'intelligence artificielle engendrés deux cents ans plus tôt, qui se nourrissent de leur vie comme source d'énergie. Le monde où Neo, le protagoniste, vit depuis sa naissance — métaphore de celui où nous nous trouvons — est une neuro-simulation interactive développée par des dispositifs technologiques afin de cultiver et de domestiquer l'humanité à leur profit.

Morpheus et son équipe de rebelles visent à réveiller leurs semblables de la torpeur où ils ont versé, une « simulation onirique ». Neo, l'élu, assisté de Trinity, a la tâche ardue de soulever la résistance, de décoder la matrice et d'aider Zion, la seule ville encore libre, cachée dans les entrailles de la Terre, à reprendre le contrôle de la planète. La ruse du *hacker*, la force conférée par l'exercice des arts martiaux et la sagesse du leader sont les éléments précieux qui lui permettront d'accomplir sa mission dans le troisième film de la séquence, au titre sans équivoque : *Matrix Revolutions*.

Ils sont et vivent en nous : l'homme est obsolète

Des couloirs du Louvre à Matrix et à *Black Mirror*, qui, avec ses spectacles, ses cellules et ses algorithmes au design raffiné et aux émotions froides[25], synthétise et actualise les principaux dispositifs de pouvoir contemporains : nous nous trouvons à l'époque actuelle. Si le bref parcours cinématographique qui vient d'être présenté révèle avec constance l'existence de fissures disponibles pour dépasser l'assujettissement ou d'espaces à traverser pour réduire la dépendance par rapport au regard du souverain, la série conçue par Charlie Brooker dissipe tout espoir et abolit toute dialectique : on n'y trouve plus élites ni minorités, héros ni antihéros, on n'y trouve pas même l'ombre du conflit entre capital et travailleurs[26] qui a servi de toile de fond de notre histoire pendant des lustres. *Matrix*, en préfigurant la guerre entre machines et humains par le biais de systèmes informatiques comme affrontement ultime — le dernier conflit possible et imaginable —, a préparé le terrain que nous sommes en train d'explorer, celui où l'ennemi s'estompe dans les écrans des médias, les codes numériques, les bio- et micro-technologies, les architectures et les paysages intégraux, sans murs, capables de tout englober.

Black Mirror est un show, un musée, une prison, un réseau social, un jeu vidéo et tant d'autres choses privées de discontinuité entre extérieur et intérieur, soi et autrui, organique et inorganique. C'est le monde que nous habitons, où nous sommes tous soumis à une impalpable surveillance généralisée et insaisissable, parce qu'invi-

---

25. Voir E. Illouz, *Cold Intimacies : The Making of Emotional Capitalism*.

26. Voir M. Tronti, *Ouvriers et capital*.

sible et intangible, mais surtout parce que nous l'avons incorporée comme partie intégrante de nous-mêmes et de notre imaginaire.

L'Hymne national, *Retour sur image*, *La chasse*, *Blanc comme neige*, *Tais-toi et danse*, *Bandersnatch* n'insistent pas sur autre chose : nous sommes entre les mains et sous le regard des autres. Qui nous ont violés avec notre accord. Il y a quelque temps, l'imagination visionnaire de Philip K. Dick suggérait avec une insistance paranoïaque le caractère envahissant des machines par rapport aux humains. Elles sont et vivent parmi nous, tel est le message de ses textes célèbres, comme *We Can Build You*, *Les voix de l'asphalte*, *Rapport minoritaire/Souvenirs à vendre*, *Les Androïdes rêvent-ils de moutons électriques ?*, *Le bal des schizos*, et bien d'autres encore. *Black Mirror* radicalise cette thèse : « Elles sont et vivent *en* nous. » Ne reste donc sur scène qu'une opposition entre le système et la chair, mais il est difficile d'en identifier les contours, car le premier élément, telle une sorte de tumeur, agit et prolifère à l'intérieur du second en abattant les défenses de la conscience, sinon avec sa connivence.

Revenons au nœud crucial : quelles marges existent, dans ce genre de cadre, pour subvertir le pouvoir ou du moins résister à l'oppression ? Quelles issues de secours demeurent dans un contexte marqué par l'ubiquité du contrôle ? Est-il possible de se défaire de ses chaînes au sein de l'interconnexion permanente des lieux, des corps et des informations auxquels nous sommes soumis ?

L'exploration menée jusqu'ici entre fiction et vie quotidienne impose des considérations catégoriques sur les points soulevés, légitimant les visions les plus sombres concernant les temps à venir. À la lumière de ce qui a été vérifié, l'hypothèse formulée par Günther Anders en 1956 paraît plus pertinente que jamais : « L'homme est obsolète[27]. » L'exercice qu'il faut accomplir consiste peut-être à comprendre comment vivre et être ensemble dans un monde marqué par notre déclin, de quelle façon habiter notre décadence, qui et que conserver en vie, à qui et à quoi laisser de l'espace. Le tableau dessiné par la production britannique entre la quatrième saison et *Bandersnatch* fournit en ce sens des indications adéquates, telles ces lumières qui rayonnent entre le crépuscule et l'aube, virevoltent dans l'obscurité et semblent tantôt lutter contre les ombres, tantôt danser avec elles. Illuminations surgies de la pénombre.

27. G. Anders, *L'obsolescence de l'homme.*

Ouverture
Détruire Black Mirror

> Là est le miracle : qu'un fragment du monde, la conscience de l'homme, se donne le privilège d'en être le miroir. Mais cela ne donnera jamais une vérité objective, puisque le miroir fait partie de l'objet qu'il reflète.
>
> Jean Baudrillard, *Le pacte de lucidité*

Le paysage totalitaire de *Black Mirror* commence à montrer quelques failles à partir du dernier épisode de la quatrième saison, lorsque Nish planifie avec une ruse impitoyable une revanche exemplaire contre le Black Museum. Conformément aux *tòpoi* classiques qui ont fondé les contrecultures et les avant-gardes du vingtième siècle, précieuses sources d'inspiration des films mentionnés, elle sabote le système établi — un musée des horreurs technoscientifiques, ce n'est pas un hasard — dès qu'elle a identifié ses codes et subi ses violences.

Avec un humour noir mâtiné d'une touche d'habileté de *hacker*[1], elle décèle les points faibles de l'ennemi pour lui

1. Voir P. Himanen, *L'éthique* hacker *et l'esprit de l'ère de l'information.*

infliger une punition exemplaire, le tuer et mettre le feu à sa créature, comme dans *V pour vendetta*. Avant d'accomplir la *nemesis*, ou plus précisément afin de la réaliser dans l'esprit adéquat, elle devra absorber et subir toutes les cruautés exposées avec sadisme par le savant fou, y compris les tortures infligées à ce qui reste, sous forme d'hologramme, de la conscience de son propre père, Clayton Leigh, jusqu'à assister à sa mort. C'est en ce point précis que la vengeance se déclenche : Nish inverse le rôle de Rolo Haynes en le faisant passer du statut de bourreau à celui de victime, en lui assignant un destin cruel et narquois, puisqu'il est condamné à prendre la place de Clayton et à souffrir pour l'éternité : il ne connaîtra jamais ni paix ni repos.

Nous avons en apparence affaire à une libération comme tant d'autres élaborées dans les entrepôts de l'imaginaire collectif et vécues à travers l'histoire, à une vengeance avec effusion de sang, douloureuse mais couronnée de succès. Dans la scène finale de l'épisode, une fois son plan réalisé, Nish s'éloigne de la scène du crime au volant de sa voiture, un sourire aux lèvres. La situation est en fait bien plus complexe et le message délivré par la série tout autre : nous ne sommes pas réduits au simple rôle passif de pions, nous pouvons encore intervenir dans l'histoire. Nous avons la faculté, telle l'héroïne de l'épisode, de saboter les dispositifs qui gouvernent nos existences, ou bien, tels les spectateurs interactifs de *Bandersnatch*, d'orienter le déroulement du spectacle. Dans les deux cas, la qualité de notre intervention est toutefois paradoxale, elle exige de déchirants renoncements et épreuves.

En ce qui concerne le premier exemple, dans le sillage de ce qui a été proposé avec véhémence par les futuristes[2]

2. Voir les manifestes du mouvement signés par F. T. Marinetti et ses complices, réunis dans *Futurismo*.

— cette fois-ci non seulement contre l'art, mais aussi en opposition à la technique —, il s'agit de mettre feu au Black Museum, cristallisation de l'héritage culturel qui nous a été légué. Ce n'est pas sans raison, en ce sens, si la figure du père de la protagoniste y est conservée. Anéantir le dispositif équivaut ainsi, en lisant entre les lignes, à liquider la culture qui nous a forgés, à couper nos racines. C'est exactement ce qui arrive à *Ashley O*, bénéficiant d'une nouvelle vie seulement suite à un coma et à la destruction de son existence professionnelle et médiatique telle qu'elle a été façonnée par le marketing. Il s'agit véritablement, pour elle, d'une secousse *rock*, de revenir à l'authenticité du *rock* après les artifices mièvres du spectacle *pop*. Cependant, là aussi, il n'y a pas de véritable émancipation du sujet, mais juste un glissement d'un type de *show* à un autre. En l'occurrence, de la scène *mainstream* vers celle *underground*.

Le second exemple, dans sa forme et son contenu, complète cette thèse. Stefan Butler, représentant du spectateur et en même temps figurant laissé à ses choix, met en scène un talentueux informaticien, un *nerd* issu du quotidien, qui consacre sa vie — scénario auquel l'utilisateur ne peut s'opposer, si ce n'est en optant pour une solution qui le conduirait à mourir enfant — à la création d'un jeu vidéo pour la société Tuckersoft. De même (semblent suggérer les auteurs) que le spectacle que nous habitons, dont nous sommes les objets et les sujets, est désormais loin de satisfaire nos attentes, il est lui aussi l'objet et le sujet d'un jeu qui ne le gratifie ni ne le satisfait, qui dilapide plutôt son existence. Une analyse minutieuse montre, en dépit des présupposés et des apparences, qu'aucune des parties concernées ne dispose de beaucoup d'options. Tant Stefan que l'usager à qui a été confiée l'opportunité de personnaliser le parcours de l'épisode sont sans défense, dépendants d'un ordre qui transcende leur existence et neutralise leur libre arbitre.

En substance, le programmeur en question agit dans les mailles et pour le compte d'un paradigme qui lui accorde une liberté sévèrement circonscrite : il ne peut engendrer, sous forme de citation et de recréation, que ce qui a déjà été préfiguré par le livre de Davies et envisagé, a priori, par le code source. Son destin dépend aussi des décisions des spectateurs, qui, au cours du film interactif, s'opposent parfois si fortement à sa volonté qu'il braque son regard courroucé dans leur direction, sur un point indéterminé situé en hauteur, d'où partent les décisions d'autres que lui, d'autrui, qui tombent sur ses épaules et orientent son action.

Une des intrigues de *Bandersnatch*, dans un exercice métanarratif virtuose aux nuances d'autodérision, réitère de façon encore plus explicite ce qui a été soutenu dans *Black Museum*. Si la libération du système passait par la destruction du musée des horreurs, métaphore de la série elle-même, le discours s'étend ici à sa production, qu'il faut comprendre comme la dernière version du pouvoir contemporain : la cage scintillante du divertissement fondé sur des doses de sérialité[3], de fictions et d'autres distractions.

> Stefan — Je suis contrôlé par quelqu'un du futur.
> Son père — Quoi ?
> S. — J'ai dit que j'étais contrôlé par quelqu'un du futur.

3. Concernant le panorama sociologique et médiologique de la sérialité contemporaine, voir S. Brancato, *Post-serialità. Per una sociologia delle tv-series* ; V. Innocenti, G. Pescatore, *Le nuove forme della serialità televisiva. Storie, linguaggio, temi* ; C. Attimonelli, A. D'Ottavio (dir.), *To be continued* ; *Sociétés*, « L'imaginaire des séries TV ».

Son père — J'appelle le docteur Haynes ?
S. — Oui, s'il te plaît.
Dr. Haynes — Alors, tu es contrôlé par quelqu'un sur Netflix. Qu'est-ce que c'est, Netflix ? Une planète ?
S. — Je ne sais pas. C'est... c'est une sorte de truc de divertissement du futur (*Bandersnatch*).

Le propos de Charlie Brooker, actualisation caustique de la pensée de Guy Debord[4], est désormais évident. Ce qui arrive à tous les protagonistes de l'anthologie s'applique à nous, de Harry (*Blanc comme neige*) à Nish (*Black Museum*) et Stefan (*Bandersnatch*) en passant par Lacie (*Chute libre*), Kennie (*Tais-toi et danse*) et Ashley O (*Rachel, Jack et Ashley Too*) : le divertissement diffusé par les médias et leurs avatars non seulement ne nous amuse plus, mais il est devenu notre obsession, notre maladie et notre prison.

La série parle clair : le moment est venu d'anéantir le spectacle.

Il faut brûler le Black Museum, interrompre brusquement la performance des simulacres, détruire *Black Mirror*, nous libérer et nous défaire de Netflix.

La succession répétitive et obsédante des épisodes passés en revue s'inscrit dans la lignée du tableau génial et visionnaire brossé par David Cronenberg dans *Videodrome*, où Max Renn triomphait du cancer médiatique dont il était la victime, mais au prix de sa propre vie : la rédemption de la condition qui enveloppe nos vies et la sortie hors du cadre médiatique qui est désormais devenu notre habitat, sont tout sauf faciles et indolores. Elles impliquent une épreuve fatale consistant à renoncer à ce qu'il reste de nous, de ce nous façonné de la Renaissance

4. G. Debord, *La société du spectacle*.

à nos jours à l'enseigne de l'anthropocentrisme, de l'individu et de la raison.

Nous sommes au cœur de la tragédie, sans salut ni solution possible.

L'épiphanie de la nouvelle chair, dont nous sommes et serons non plus le noyau fondateur mais une particule élémentaire parmi d'autres, dépendante de ce qui précède et dépasse le sujet, est peut-être inextricablement liée à notre sacrifice, un don de soi au nom de toute altérité qui, entre nature et technologie, ciel et terre, organique et inorganique, pulse au-delà et en deçà de nous. Après l'humanisme, au-delà de l'Occident, de l'individu et du social : l'aurore numérique.

Claudia Attimonelli, Vincenzo Susca
Bari, 4 janvier 2020

Post-scriptum

Le hasard a voulu que notre réflexion sur *Black Mirror* rencontre les circonstances tragiques induites par la pandémie du coronavirus. À bien des égards, est-ce vraiment un hasard ? Ne s'agit-il pas plutôt, simplement, d'une manifestation de plus du monde tel que le décrit la série anglaise ? N'est-ce pas juste une version exacerbée de notre vie quotidienne devenue dystopique ? Beaucoup s'en sont bien avisés, comme l'attestent diverses interventions, pancartes et images, dont le mème devenu célèbre avec lequel il semblerait cohérent de conclure ce livre.

Source : <https://meme.xyz>

Références

Black Mirror et autres séries

Black Mirror, S1 E1, *The National Anthem* (*L'Hymne national*), 2011.

—, S1 E2, *Fifteen Million Merits* (*15 millions de mérites*), 2011.

—, S1 E3, *The Entire History of You* (*Retour sur image*), 2011.

—, S2 E1, *Be Right Back* (*Bientôt de retour*), 2013.

—, S2 E2, *White Bear* (*La Chasse*), 2013.

—, S2 E3, *The Waldo Moment* (*Vota Waldo !*), 2013.

—, *White Christmas* (*Blanc comme neige*), 2014.

—, S3 E1, *Nosedive* (*Chute libre*), 2014.

—, S3 E2, *Playtest* (*Phase d'essai*), 2016.

—, S3 E3, *Shut Up and Dance* (*Tais-toi et danse*), 2016.

—, S3 E4, *San Junipero*, 2016.

—, S3 E5, *Men Against Fire* (*Tuer sans états d'âme*), 2016.

—, S3 E6, *Hated in the Nation* (*Haine virtuelle*), 2016.

—, S4 E1, *USS Callister*, 2017.

—, S4 E2, *Arkangel* (*Archange*), 2017.

—, S4 E3, *Crocodile*, 2017.

—, S4 E4, *Hang the DJ* (*Pendez le DJ*), 2017.

—, S4 E5, *Metalhead*, 2017.

—, S4 E6, *Black Museum*, 2017.

—, S5 E1, *Striking Vipers* (*Vipères frappantes*), 2019.

—, S5 E2, *Smithereens* (*En mille morceaux*), 2019.

—, S5 E3, *Rachel, Jack & Ashley Too* (*Rachel, Jack et Ashley Too*), 2019.

Devs, FX, États-Unis, 2020.

Game of Thrones, HBO, États-Unis, 2011-2019.

Gomorra, Sky, Italie, 2014-en cours.

The Handmaid's Tales (La servante écarlate), MGM Television, États-Unis, 2017- en cours

Russian Doll, Netflix, États-Unis, 2019-en cours.

Sex Education, Netflix, Royaume-Uni, 2019-en cours.

Star Trek, NBC, États-Unis, 1966-1969.

Stranger Things, Netflix, États-Unis, 2016-en cours.

The Twilight Zone, CBS, États-Unis, 1959-1964.

Westworld, HBO, États-Unis

Years & Years, BBC, Royaume-Uni, 2019

Livres et articles

Abruzzese A., *Forme estetiche e società di massa. Arte e pubblico*, Venise, Marsilio, 2001.

—, *L'intelligenza del mondo. Fondamenti di storia e teoria dell'immaginario*, Rome, Meltemi, 2001.

—, *La grande scimmia. Mostri, vampiri, automi, mutanti. L'immaginario collettivo dalla letteratura al cinema e all'informazione*, Rome, Luca Sossella, 2008.

Adorno T., Horkheimer M., *La dialectique de la raison*, Paris, Gallimard, 1974.

Alighieri D., *La divine comédie*, Paris, Flammarion, 1985.

Alloula M., *Le harem colonial, images d'un sous-érotisme*, Paris, Séguier, 2004.

Anders G., *L'obsolescence de l'homme*, Paris, Ivrea, 2002.

Anderson D. E., *Problematic: How Toxic Callout Culture Is Destroying Feminism*, Lincoln, University of Nebraska Press, 2018.

Arendt H., *Condition de l'homme moderne*, Paris, Calmann-Lévy, 1983.

Attimonelli C., « Cool », *Doppiozero*, 2011, en ligne.

—, « Hyperserial », *Dizionario di Informatica, ICT e media digitali*, vol. 1, Rome, Istituto della Enciclopedia Treccani, 2012.

—, « Le désavenir du temps », *Les Cahiers européens de l'imaginaire, Le Fake*, n° 6, Paris, CNRS Éditions, 2014.

—, « Anatomies baroques. Le cœur et la tête de mort », *Les Cahiers européens de l'imaginaire, Le Baroque*, n° 7, Paris, CNRS, 2015.

—, « Stratégie et bondage du générique : socio-sémiotique de la sérialité audiovisuelle », *Sociétés*, n° 128, 2015, p. 9-18.

—, « La banalità del malessere : junkie. Estetica del disagio e dell'anomia nella fotografia di moda », *Fashion Intelligence*, Bari, Edizioni dal Sud, 2016.

—, « Corpo », dans M. Tirino, A. Tramontana (dir.), *I riflessi di Black Mirror. Glossario su immaginari, culture e media della società digitale*, Rome, Rogas, 2018.

—, *Techno : Ritmi Afrofuturisti*, Milan, Meltemi, 2018.

Attimonelli C., D'Ottavio A. (dir.), *To be continued. I destini del corpo nei serial televisivi*, Bari, CaratteriMobili, 2011.

Attimonelli C., Giannone A., *Underground zone. Dandy, Punk, Beautiful People*, Bari, CaratteriMobili, 2011.

Attimonelli C., Susca V., *Pornoculture. Voyage au bout de la chair*, Montréal, Liber, 2017.

Augustin (saint), Œuvres, vol. 2, Paris, Gallimard, 1998.

Bakhtine M., *L'œuvre de François Rabelais et la culture populaire au Moyen Âge et à la Renaissance*, Paris, Gallimard, 1978.

Ballard J., *La foire aux atrocités*, Auch, Tristram, 2014.

Baltrušaitis J., *Le miroir : révélations, science-fiction et fallacies. Essai sur une légende scientifique*, Paris, Seuil, 1978.

Balzac H., *Splendeurs et misères des courtisanes*, Paris, Gallimard, 1973.

Barthes R., *L'obvie et l'obtus. Essais critiques III*, Paris, Seuil, 1982.

—, *La chambre claire. Note sur la photographie*, Paris, Gallimard, 1980.

Bataille G., *L'érotisme*, Paris, Minuit, 1957.

—, *La part maudite. Précédé par la notion de dépense*, Paris, Minuit, 2003.

Baudelaire C., *Le peintre de la vie moderne*, Paris, Mille et une Nuits, 2010.

Baudrillard J., *À l'ombre des majorités silencieuses ou la fin du social*, Paris, Sens & Tonka, 1997.

—, *L'echange symbolique et la mort*, Paris, Gallimard, 1976.

—, *L'esprit du terrorisme*, Paris, Galilée, 2002.

—, *La société de consommation*, Paris, Denoël, 1970.

—, *Le crime parfait*, Paris, Galilée, 1995.

—, *Le pacte de lucidité ou l'intelligence du mal*, Paris, Galilée, 2004.

—, *Le système des objets*, Paris, Gallimard, 1968.
—, *Simulacres et simulations*, Paris, Galilée, 1981.

Benedetti A., « Bandersnatch e l'inganno musicale », *Frequencies*, 2019, en ligne.

Benjamin W., « Thèses sur le concept d'histoire », *Les Temps Modernes*, n° 25, Paris, Gallimard, 1947.
—, *Angelus novus. Saggi e frammenti*, Turin, Einaudi, 1995.
—, *Aura e choc. Saggi sulla teoria dei media*, Turin, Einaudi, 2012.
—, *L'œuvre d'art à l'époque de sa reproductibilité technique*, Paris, Allia, 2002.
—, *Le livre des passages*, Paris, Cerf, 2006.

Bentham J., *Panoptique ou Maison d'Inspection,* Paris, Mille et Une Nuits, 2002.

Berardi F., *Tueries. Forcenés et suicidaires à l'*ère du capitalisme absolu, Montréal, Lux, 2016.

Bérubé M., « The way we review now », *Publications of the modern language association of America*, vol. 133, n° 1, janvier 2018.

Besnier J.-M., *Demain les posthumains. Le futur a-t-il encore besoin de nous ?*, Paris, Hachette, 2009.

Blanchot M., *L'entretien infini*, Gallimard, Paris, 1969.

Borges J. L., *Fictions*, Paris, Gallimard, 2014.
—, *Le livre des êtres imaginaires*, Paris, Gallimard, 2007.

Borrelli D., *Il mondo che siamo. Per una sociologia dei media e dei linguaggi digitali*, Naples, Liguori, 2009.

Brancato S., *Post-serialità. Per una sociologia delle tv-series. Dinamiche di trasformazione della fiction televisiva*, Naples, Liguori, 2011.

Breton A., *Amour fou*, Paris, Gallimard, 1927.

Bromwich J. E., « Everyone is cancel », *The New York Times*, 28 juin 2018.

Brooker C., *Creator Charlie Brooker Explains Black Mirror White Christmas*, 10 mars 2014, YouTube.
—, *Charlie Brooker Says There's Not a Black Mirrror Universe – It's a Black Mirror Multiverse*, 2019, en ligne.

Brooks D., « The cruelty of Call-Out Culture », *The New York Times*, 15 janvier 2019.

Cabanas E., Illouz E., *Happycratie. Comment l'industrie du bonheur a pris le contrôle de nos vies*, Paris, Premier parallèle, 2018.

Cahiers européens de l'imaginaire (Les), « La Rue », n° 8, 2016.
—, « Le Fake », n° 6, Paris, CNRS Éditions, 2014.
—, « Technomagie », n° 3, Paris, CNRS Éditions, 2010.

Calefato P., *Mass moda. Linguaggio e immaginario del corpo vestito*, Rome, Meltemi, 2007.

Calvesi M., *Avanguardia di massa. Compaiono gli indiani metropolitani*, Milan, Postmedia Books, 2018.

Calvino I., *Les villes invisibles*, Paris, Seuil, 1974.

Canevacci M., *Antropologia della comunicazione visuale. Esplorazioni etnografiche attraverso il feticismo metodologico*, Milan, Postmedia Books, 2017.

Caronia A., Gallo D., *Philip K. Dick. La macchina della paranoia*, Milan, Agenzia X, 2006.

Caronia A., *Il Cyborg. Saggio sull'uomo artificiale*, Milan, Shake, 2012.

Carroll L., *De l'autre coté du miroir*, Paris, Gallimard, 1990.
—, *Alice aux pays des merveilles.*

Castells M., *L'ère de l'information*, t. 1, *La société en réseaux*, Paris, Fayard, 1966.

Chiusi F., *Dittature dell'istantaneo. Black Mirror e la nostra società iperconnessa*, Turin, Codice, 2014.

Cirucci A., Vacker B. (dir.), *Black Mirror and Critical Media Theory*, Lanham, Lexington Books, 2018.

Clifford J., *Malaise dans la culture : L'etnographie, la littérature et l'art au XXe siècle*, Paris, ENSBA, 1996.

Cline A. C., « Documentary film and the (re)production of the 1980's Uk game computer industry », *Game, the Italian Journal of Game Studies*, 2015, en ligne.

Codeluppi V., *Biocapitalismo. Verso lo sfruttamento integrale di corpi, cervelli ed emozioni*, Turin, Bollati Boringhieri, 2008.

Comte A., *Catéchisme positiviste*, Paris, Garnier-Flammarion, 1966.

Cooley C. H., *Human Nature and Social Order*, cap. V, New York, C. Scribner's Sons, 1922.

De Certeau M., *L'invention du quotidien. Arts de faire*, Paris, Gallimard, 1999.

De Kerckhove D., « Datacrazia : come cambia la società », *Changes*, 12 mars 2018.

—, *La peau de la culture*, à paraître.
—, « Singapore, dalla democrazia alla datacrazia », *lectio magistralis*, département de formation, psychologie, communication, université Aldo Moro, Bari, 23 mai 2017.
—, « The point of being », dans D. de Kerckhove, C. Miranda (dir.), *The Point of Being*, New Castle Upon Tyne, Cambridge Scholars Publishing, 2014.
—, *L'inconscio digitale*, dans A. Buffardi, D. de Kerckhove (dir.), *Il sapere digitale. Pensiero ipertestuale e conoscenza connettiva*, Naples, Liguori, 2011.

De Micheli M., *Le avanguardie artistiche del Novecento*, Milan, Feltrinelli, 2014.

Debord, G., *La société du spectacle*, Paris, Gallimard, 1992.

Deleuze G., *Logique du sens*, Paris, Minuit, 1969.

Deleuze G., Guattari F., *Mille plateaux*, t. 2, *Capitalisme et schizophrénie*, Paris, Minuit, 1980.

Derrida J., *Spectres de Marx*, Paris, Galilée, 1993.

Descartes R., *Discours de la méthode*, Paris, Flammarion, 2010.

Dick P. K., *Les voix de l'asphalte*, Paris, Cherche Midi, 2007.
—, *Le temps désarticulé*, Paris, Calmann-Lévy, 1975.
—, *Rapport minoritaire / Souvenirs à vendre*, Paris, Folio, 2009.
—, *Les androïdes rêvent-ils de moutons électriques*, Paris, J'ai Lu, 2014.
—, *Ubik*, Paris, 10/18, 1999.
—, *Le Bal de schizos*, Paris, J'ai Lu, 2014.

Durand G., *Les structures anthropologiques de l'imaginaire*, Paris, Dunod, 1992.

Duvignaud J., *Le don du rien*, Paris, Téraèdre, 2012.

Eco U., « Le mythe de Superman », *Communications*, n° 24, 1976.
—, *Six promenades dans les bois du roman et d'ailleurs*, Paris, Grasset, 1998.

Esposito R., *Bìos. Biopolitica e filosofia*, Turin, Einaudi, 2004.

Ferraris M., *Mobilisation totale*, Paris, PUF, 2016.
—, *T'es où ? Ontologie du téléphone mobile*, Paris, Albin Michel, 2011.

Fisher M., « The metaphysics of crackle. Afrofuturism and Hauntology », *Dancecult: Journal of Electronic Dance Music Culture*, vol. 5, n° 2, 2013.

—, *Flatline Constructs: Gothic Materialism and Cybernetic Theory-Fiction*, New York, Exmilitary Press, 1999.

—, *Le réalisme capitaliste. N'y a-t-il pas d'alternative?*, Genève et Paris, Entremonde, 2018.

Foucault M., *Surveiller et punir. La naissance de la prison*, Paris, Gallimard, 1975.

—, *Histoire de la sexualité*, t. 1, *La volonté de savoir*, Paris, Gallimard, 1976.

Freud S., *Essais de psychanalyse appliquée*, Paris, Gallimard, 1976.

Friedberg A., *The Virtual Window: From Alberti to Microsoft*, Cambridge, MIT Press, 2009.

Fukuyama F., *La fin de l'histoire et le dernier homme*, Paris, Flammarion, 1992.

Futurismo, Rome, Quadriennale Nazionale d'Arte di Roma, 1976.

Garofalo D., *Black Mirror. Memorie dal futuro*, Rome, Edizioni Estemporanee, 2017.

Greenfield A., *Every[ware]. La révolution de l'ubimédia*, Limoges, FYP, 2007.

—, *Radical Technologies: The Design Of Everyday Life*, Londres, Verso, 2017.

Griffiths M., *Eaten to death: A beginner's guide to vorarephilia*, 2012, en ligne.

Habermas J., *L'espace public: archéologie de la publicité comme dimension constitutive de la société bourgeoise*, Paris, Payot, 1997.

Haddouk L., « *Black Mirror*: le narcissisme à l'ère du numérique », *Les Carnet PSY*, n° 204, 2017.

Hay M., *Inside the Often-Sexless World of Giantess Porn*, 15 juin 2017, en ligne.

Heidegger M., *Acheminement vers la parole*, Paris, Gallimard, 1976.

—, *Identität und Differenz*, Pfullingen, Neske, 1957.

—, *Lettre sur l'humanisme*, Paris, Montaigne, 1957.

—, *Logik. Die Frage nach der Wahrheit*, Francfort, Klostermann, 1976.

Himanen P., *L'éthique* hacker *et l'esprit de l'ère de l'information*, Paris, Exils, 2001.

Hoggart R., *La culture du pauvre*, Paris, Minuit, 1970.

Holmes O. W., « The stereoscope and the stereograph », dans B. Newhall (dir.), *Photography: Essay and Images*, Londres, Secker and Warburg, 1980.

Illouz E., *Cold Intimacies: The Making of Emotional Capitalism*, Londres, Polity, 2007.

Innis H. A., *Empire and Communications*, Toronto, Dundurn, 2007.

Innocenti V., Pescatore G., *Le nuove forme della serialità televisiva. Storie, linguaggio, temi*, Bologne, Archetipo Libri, 2008.

Jenkins H., *La convergence culturelle. Nouveaux médias, nouveaux publics*, Paris, Armand Colin, 2013.

Joron P., *La vie improductive. Georges Bataille et l'hétérologie sociologique*, Montpellier, Presses universitaires de la Méditerranée, 2009.

Josset R., *Complosphère. L'esprit conspirationniste à l'ère des réseaux sociaux*, Paris, Lemieux, 2015.

Kafka F., *La colonie pénitentiaire et autres récits*, Paris, Gallimard, 2001.

Kracauer S., *L'ornement de la masse. Essai sur la modernité weimarienne*, Paris, La Découverte, 2008.

Kulesko C., « La theory-fiction come dispositivo iperstizionale », intervention, université de La Sapienza, Rome, 27 octobre 2017.

La Boétie É., *Discours sur la servitude volontaire*, Paris, Mille et Une Nuits, 1997.

La Rocca F., « Schermo », dans M. Tirino, A. Tramontana (dir.), *I riflessi di Black Mirror. Glossario su immaginari, culture e media della società digitale*, Rome, Rogas, 2018.

—, *La ville dans tous ses états*, Paris, CNRS Éditions, 2013.

La Rocca F., Malagamba A., Susca V. (dir.), *Eroi del quotidiano. Figure della serialità televisiva*, Milan, Bevivino, 2010.

Land N., *Fanged Noumena: Collected Writings 1987-2007*, Falmouth, Urbanomic, 2011.

Le Goff J. (dir.), *L'homme médiéval*, Paris, Seuil, 1994.

Lemos A., *Isso (não) é muito Black Mirror: passado, presente e futuro das tecnologias de comunicação e informação*, Bahia, Edufba, 2018.

Leopardi G., *Chants*, Paris, Flammarion, 2005.

Lipovetsky G., *Le bonheur paradoxal. Essai sur la société d'hyper-consommation*, Paris, Gallimard, 2006.

Lipovetsky G., Serroy J., *L'esthétisation du monde. Vivre à l'âge du capitalisme artiste*, Paris, Gallimard, 2013.

Lolli A., *La guerra dei meme. Fenomenologia di uno scherzo infinito*, Florence, Effequ, 2017.

Lovink G., *Networks without a Cause: A Critique of Social Media*, Londres, Polity, 2012.

Lyotard J.-F., *La condition postmoderne*, Paris, Minuit, 1979.

Maffesoli M., *Après la modernité?*, Paris, CNRS Éditions, 2008.

—, *L'instant éternel. Le retour du tragique dans les sociétés postmodernes*, Paris, Denoël, 2000.

—, *L'ombre de Dionysos. Contribution à une sociologie de l'orgie*, Paris, Méridiens-Klincksieck, 1982.

—, *L'ordre des choses*, Paris, CNRS Éditions, 2014.

—, *Le réenchantement du monde*, Paris, La Table Ronde, 2007.

—, *Le temps des tribus. Le déclin de l'individualisme dans les sociétés de masse*, Paris, Méridiens-Klincksieck, 1988.

—, *Notes sur la postmodernité. Le lieu fait lien*, Paris, Félin, 2003.

Manovich L., *Le langage des nouveaux médias*, Dijon, Les Presses du réel, 2010.

Manzini E., « Tra materialità e virtualità. Superfici comunicative e oggetti interattivi », dans A. Ferraro, A. Montagano (dir.), *La scena immateriale. Linguaggi elettronici e mondi virtuali*, Gênes, Costa & Nolan, 1993.

Marchesini R., *Post-Human. Verso nuovi modelli d'esistenza*, Turin, Bollati Boringhieri, 2002.

Marcuse H., *L'homme unidimensionnel*, Paris, Minuit, 1968.

Marx K., *Critique de l'economie politique*, Paris, Allia, 2007.

—, *Le capital*, Paris, Folio, 2008.

—, *Sur la question juive*, Paris, La Fabrique, 2006.

—, *Manuscrits de 1844. Économie politique et philosophie*, Paris, Éditions sociales, 1972.

Marx K., Engels F., *Manifeste du parti communiste*, Paris, UGE, « 10/18 », 1962.

Marzo P. L., *La natura tecnica del tempo. L'epoca del post-umano tra storia e vita quotidiana*, Milan-Udine, Mimesis, 2012.

Mattelart A., *La communication-monde*, Paris, La Découverte, 1999.

Mauss M., *Essai sur le don. Forme et raison de l'échange dans le sociétés archaïques*, Paris, PUF, 2012.

McKay G., *Senseless Acts of Beauty: Cultures of Resistance since the Sixties*, Londres, Verso, 1996.

McLuhan M. H., « Essay on Burroughs », *Nation*, 28 décembre 1964.

—, *D'œil à oreille*, Paris, Hurtubise HMH, 1977.

—, *La galaxie Gutenberg. La genèse de l'homme typographique*, Paris, Gallimard, 1977.

—, *Pour comprendre les médias*, Québec, Bibliothèque québécoise, 1993.

McLuhan M. H., Fiore Q., *The Medium is the Massage: An Inventory of Effects*, Londres, Penguin, 1967.

Moore A., Lloyd D., *V pour vendetta*, Paris, Urban Comics, 2012.

Morin E., *L'esprit du temps*, Paris, Grasset, 1962.

Morselli G., *Dissipatio H. G.*, Milan, Adelphi, 2012.

Morton T., *Hyperobjets. Philosophie et écologie après la fin du monde*, Saint-Étienne, Cité du Design, 2018.

Musil R., *L'homme sans qualités*, Paris, Seuil, 2011.

Orwell G., *1984*, Paris, Gallimard, 2013.

Nancy J.-L., *Sexistence*, Paris, Galilée, 2017.

Nietzsche F. W., *Aurore. Pensées sur les préjugés moraux*, Paris, Flammarion, 2012.

—, *La naissance de la tragédie*, Paris, Gallimard, 1997.

Palumbo F., « La Alice di Deleuze: estetica di simulacri e logica dei paradossi », *L'Inconscio. Rivista Italiana di Filosofia e Psicanalisi*, n° 3, 2017.

Paul (saint), *Épître aux Galates*, Nouvelle Bible Segond, 2002.

Perniola M., *Le sex-appeal de l'inorganique*, Paris, Léo Scheer, 2003.

Pessoa F., *Je ne suis personne. Une anthologie*, Paris, Christian Bourgois, 1994.

Pinotti A., Somaini A., *Cultura visuale. Immagini, sguardi, media, dispositivi*, Turin, Einaudi, 2016.

Pirandello L., *On tourne, notes d'un opérateur*, Paris, Éditions d'Aujourd'hui, 1980.

Pireddu M., *Algoritmi. Il software culturale che regge le nostre vite*, Bologne, Luca Sossella, 2017.

Pireddu M., Tursi A. (dir.), *Post-umano*, Milan, Guerini & Associati, 2006.

Plant S., « Tecnologie morbide per macchine morbide : l'interfaccia chimica », *Virus Mutations*, n° 6, mars-mai 1999.

Ponzio A., *Rileggendo Rossi-Landi*, Milan, Mimesis, 2008.

Postman N., *Se distraire à en mourir*, Paris, Fayard, 2011.

Poulter W., « With love », Twitter Post, 2 janvier 2019.

Rafele A., *La métropole. Benjamin et Simmel*, Paris, CNRS Éditions, 2010.

Reynolds S., *Rétromania*, Marseille, Le Mot et le Reste, 2012.

Ritchin F., *After Photography*, New York, W. W. Norton, 2009.

Romano O. (dir.), *Bataille. Depensare la crescita*, Milan, Jaca Book, 2019.

Rossi-Landi F., *Metodica filosofica e scienza dei segni*, Milan, Bompiani, 2006.

Sadin É., *La vie algorithmique: critique de la raison numérique*, Paris, L'Échappée, 2015.

Sanmartin Fernandes C., Herschmann M. (dir.), *Cidades Musicais. Comunicação, Territorialidade e Política*, Porto Alegre, Sulina, 2018.

Santoro A., « Morte », dans M. Tirino, A. Tramontana (dir.), *I riflessi di Black Mirror. Glossario su immaginari, culture e media della società digitale*, Rome, Rogas, 2018.

Sartre J.-P., *Huis clos. Pièce en un acte*, Paris, Gallimard, 1945.

Schütz A., *Le chercheur et le quotidien*, Paris, Méridiens-Klincksieck, 1987.

Sexe, race et colonies. La domination des corps du XVe siècle à nos jours, Paris, La Découverte, 2018.

Shakespeare W., *Hamlet*, Oxford, Oxford University Press, 2007.

Shelley M., *Frankenstein*, Paris, Gallimard, 1992.

Simmel G., *Les grandes villes et la vie de l'esprit*, Paris, Payot, 2013.

Sloterdijk P., *Le Palais de Cristal. À l'intérieur du capitalisme planétaire*, Paris, Maren Sell, 2006.

Sociétés, « L'imaginaire des séries TV », n° 128, Bruxelles, De Boeck, 2015.

Sontag S., *Sur la photographie*, Paris, Christian Bourgois, 1982.

Spini L., « Diventare Charlie Brooker », *Prismo*, 2016, en ligne.

Stoker B., *Dracula*, Paris, J'ai Lu, 2012.

Susca V. (avec C. Bardainne), *Récréations. Galaxies de l'imaginaire postmoderne*, Paris, CNRS Éditions, 2009.

—, « Esperienza », dans M. Tirino, A. Tramontana (dir.), *I riflessi di Black Mirror, Glossario su immaginari, culture e media della società digitale*, Rome, Rogas Edizioni, 2018.

—, « Essere-con in rete : la fine dell'autonomia, il ritorno della dipendenza e "l'ordo amoris" », *Varchi*, n° 15, « Connessioni. La vita delle persone al tempo dello smartphone », 2016.

—, « Il divenire mondo dell'immagine », dans F. La Rocca (dir.), *Epidemia visuale. La prevalenza delle immagini e l'effetto sulla società*, Rome, Edizioni Estemporanee, 2018.

—, « L'escrescenza o-scena di un incontro ravvicinato », dans C. Attimonelli, A. D'Ottavio (dir.), *To be continued. I destini del corpo nei serial televisivi*, Bari, CaratteriMobili, 2011.

—, « La morte corre sul filo della rete », *Technology Review*, n° 4, 2009.

—, *Joie tragique. Les formes élémentaires de la vie électronique*, Paris, CNRS Éditions, 2011.

—, *Les affinités connectives. Sociologie de la culture numérique*, Paris, Cerf, 2016.

Susca V., de Kerckhove D., *Transpolitica. Nuovi rapporti di potere e sapere*, Milan, Apogeo, 2008.

Taiuti L., *Corpi sognanti. L'arte nell'epoca delle tecnologie digitali*, Milan, Feltrinelli, 2001.

Tarde G., *Les lois de l'imitation*, Paris, Kimé, 1993.

Tirino M., Tramontana A. (dir.), *I riflessi di Black Mirror. Glossario su immaginari, culture e media della società digitale*, Rome, Rogas Edizioni, 2018.

Tönnies F., *Communauté et société*, Paris, PUF, 2010.

Tronti M., *Ouvriers et capital*, Paris, Christian Bourgois, 1977.

Valeriani L., *Performers. Figure del mutamento nell'estetica diffusa*, Rome, Meltemi, 2009.

Valéry P., *Œuvres*, t. II, *Pièces sur l'art*, Paris, Gallimard, « Bibliothèque de la Pléiade », 1960.

Vattimo G., *La fin de la modernité. Nihilisme et herménetique dans la culture post-moderne*, Paris, Seuil, 1987.

—, *La società trasparente*, Milan, Garzanti, 1989.

Vidal B., *Les représentations collectives de l'événement-catastrophe : étude sociologique sur les peurs contemporaines*, thèse de doctorat dirigé par P. Tacussel, Lersem-Irsa, université Paul-Valéry Montpellier 3, 2012.

Virilio P., *Vitesse et politique*, Paris, Galilée, 1977.

Virno P., *Grammaire de la multitude*, Paris, Éclat, 2002.

Weber M., *L'éthique protestante et l'esprit du capitalisme*, Paris, Plon, 1964.

—, *Le savant et le politique*, Paris, PUF, 1987.

Yourcenar M., *Sous bénéfice d'inventaire*, Paris, Gallimard, 1962.

Zagarrio V., « La retorica dello sguardo : cinema del reale, long take, "aesthedicam" », conférence au colloque *Reale, virtuale, immaginario II,* université Aldo Moro,Bari, 23 mai 2018.

Žižek S., *La subjectivité à venir*, Paris, Flammarion, 2004.

—, *Leggere Lacan. Guida perversa al vivere contemporaneo,* Turin, Bollati Boringhieri, 2009.

Filmographie et vidéographie

2001 : A Space Odyssey (*2001 : L'odyssée de l'espace*), S. Kubrick, États-Unis / Royaume-Uni, 1968.

A Clockwork Orange (*Orange mécanique*), S. Kubrick, Royaume-Uni / États-Unis, 1971.

Alien, R. Scott, États-Unis, 1979.

Bande à part, J.-L. Godard, France, 1964.

Batman, T. Burton, États-Unis, 1989.

Black Mirror – Bandersnatch, D. Slade, Netflix, 2018.

Blade Runner, R. Scott, États-Unis / Hong Kong, 1982.

Blade Runner 2049, D. Villeneuve, États-Unis, 2017.

Commercial Breaks, P. Anderson, Royaume-Uni, 1984.

Das Leben der Anderen (*La vie des autres*), F. H. von Donnersmarck, Allemagne, 2006.

Deep Web, A. Winter, États-Unis, 2015.

Eternal Sunshine of the Spotless Mind (*Du soleil plein la tête*), M. Gondry, États-Unis, 2004.

eXistenZ, D. Cronenberg, Canada / Royaume-Uni, 1999.

Falsche Bewegung (*Faux mouvement*), W. Wenders, Allemagne, 1975.

From Bedrooms to Billions, A. Caulfield, N. Caulfield, Royaume-Uni, 2014.

Gisaengchung (*Parasite*), B. Joon-ho, Corée du Sud, 2019.

Hable con ella (*Parle avec elle*), P. Almodóvar, Espagne, 2002.

Interstellar (*Interstellaire*), C. Nolan, États-Unis / Royaume-Uni, 2014.

La sortie de l'usine Lumières, A. Lumière, P. Lumière, France, 1895.

Matrix, L. & L. Wachowski, États-Unis, 1999.

Matrix Reloaded, L. & L. Wachowski, États-Unis, 2003.

Matrix Revolutions, L. & L. Wachowski, États-Unis, 2003.

Metropolis, F. Lang, Allemagne, 1927.

Micro Men, S. Metzstein, Royaume-Uni, 2009.

Modern Times (*Les temps modernes*), C. Chaplin, États-Unis, 1936.

RoboCop, P. Verhoeven, États-Unis, 1987.

Spider-Man: Into the Spider-Verse (*Spider-Man. Dans le spider-verse*), B. Persichetti, P. Ramsey, R. Rothman, États-Unis, 2018.

Sunrise: A Song of Two Humans (*L'aurore*), F. W. Murnau, États-Unis, 1927.

Tetsuo: The Iron Man, S. Tsukamoto, Japon, 1989.

The Big Swallow, J. Williamson, Royaume-Uni, 1901.

The Dreamers – I sognatori (*Innocents: The Dreamers*), B. Bertolucci, Royaume-Uni / France / Italie, 2003.

The Man With a Movie Camera (*L'homme à la caméra*), D. Vertov, Union Soviétique, 1929.

The Terminator (*Terminator*), J. Cameron, États-Unis, 1984.

The Truman Show, P. Weir, États-Unis, 1998.

Thelma & Louise, R. Scott, États-Unis, 1991.

THX 1138, G. Lucas, États-Unis, 1971.

V for Vendetta (*V pour vendetta*), J. McTeigue, États-Unis / Royaume-Uni / Allemagne, 2005.

Videodrome, D. Cronenberg, Canada, 1982.

We Are Legion : The Story of the Hacktivists (*Nous sommes légion. L'histoire des hacktivistes*), B. Knappenberger, États-Unis, 2012.

Wreck-It Ralph (*Les mondes de Ralph*), R. Moore, États-Unis, 2012.

Discographie

Bag Raiders, *Shooting Stars*, Modular Recordings, 2009.

Belinda Carlisle, *Heaven is a place on Earth*, Virgin Records/MCA Records, 1987.

Marilyn Manson, *Eat me, Drink me*, Interscope, 2007.

The Smiths, *Panic*, Rough Trade, 1986.

Sex Pistols, *No Future (God save the Queen)*, Virgin Records, 1977.

Velvet Underground, *I'll be your mirror*, Verve Records, 1967.

Sitographie

Black Mirror Turkey Marketing Campaign Debate, <https ://reddit.com/r/Turkey/comments/7mx3ge/black_mirror_dystopia_turned_into_more_reality>.

Brataccas Asteroid, where it all began [The], <http ://brataccas.blogspot.com>.

Commercial Breaks: The Battle For Santa's Software, <http ://old.matt.west.co.tt/speccy/commercial-breaks- transcript.html>.

Dating App Hang the Dj, < http ://coach.dating/p/jFDN >.

Dogma 95, < http ://larsvontrier.it/dogma-95/ >.

Final Fantasy Fandom, <https ://finalfantasy.fandom.com/wiki/Bandersnatch>.

Tuckersoft, < https ://www.tuckersoft.net/ealing20541/history/ >.

Tuckersoft Job Recruitment, < www.tuckersoft.net/jobs/ >.

Turchia, < http ://www.reddit.com/r/Turkey/comments/7mx3ge/black_mirror_dystopia_turned_into_more_reality >.

Twine, < http ://twinery.org >.

Table des matières

Éditions Liber
2318, rue Bélanger, Montréal, Québec, H2G 1C8
Téléphone : 514 522-3227 ; Télécopie : 514 522-2007
site : www.editionsliber.com ; courriel : info@editionsliber.com

Achevé d'imprimer en février 2021,
sur les presses de Présence graphique
Monts, France